银 盐 时 代

AGE OF SILVER : ENCOUNTERS WITH GREAT PHOTOGRAPHERS

与 伟 大 摄 影 师 相 遇

后浪出版公司

CNS 湖南美术出版社

◁ 1987年，巴黎

　　午饭后，亨利·卡蒂埃-布列松挪到客厅。阳光从通往阳台的玻璃门照进来。我把一张椅子搬到亮处，请他坐下。"咔嚓、咔嚓"，他开始为我拍照。"吱——嗞！""吱——嗞！""吱——嗞！"我的相机用了一台卷片马达。我们听起来就像两只互相吸引的昆虫。他觉得很有趣，咯咯地笑起来。

To Duncan and Maia

致　谢

布赖恩·兰克（Brian Lanker）是一位非凡的摄影师，也是我交往近 40 年的挚友。他鼓励我写作本书，却不幸在它行将付梓之际溘然长逝。《生活》（*Life*）杂志社的理查德·波拉德（Richard Pollard）、小菲利普·B·孔哈特（Philip B. Kunhardt Jr.）、理查德·B·斯托利（Richard B. Stolley）和大卫·弗兰德（David Friend）（他还帮我为本书游说出版商），以及《人物》（*People*）杂志的 M·C·马登（M. C. Marden）及其同事、《纽约时报》（*The New York Times*）的玛丽莲·明登（Marilyn Minden）、《美国摄影师》（*American Photographer*）杂志的肖恩·卡拉汉（Sean Callahan）和《美国摄影》（*American Photo*）杂志的大卫·朔瑙尔（David Schonauer）等人为我安排任务，让我得以出于职业原因将镜头对准同行，看到他们的行事方式。鲍勃·阿德尔曼（Bob Adelman）和詹姆斯·丹齐格（James Danziger）早在 20 世纪 90 年代初就鼓励我翻拍负片。在这个项目上，我拍摄的摄影师们和他们的继承人，以及亚利桑那大学创意摄影中心、乔治·伊斯曼博物馆（George Eastman House）、国会图书馆、巴黎的摄影遗产保护组织（Mission du Patrimoine Photographique)、渥太华的加拿大国家档案馆、华盛顿特区的国家肖像画廊（National Portrait Gallery）及时代－生活照片收藏（Time-LIFE picture collection）的工作人员都给我提供了协助。为了本书，威利斯·哈茨霍恩（Willis Hartshorn）、菲利普·S·布洛克（Phillip S. Block）和戴尔德丽·多诺霍（Deirdre Donohue）帮助我使用国际摄影中心（International Center of Photography）图书馆的无与伦比的档案文件进行文本研究。吉尔·吉尔（Jill Gill）和吉尔·克雷门茨(Jill Krementz）为本书版面设计提出了建议。凯莱布·凯恩·马库斯(Caleb Cain Marcus）和帕特里克·西松(Patrick Sison）帮助我使用扫描所需的电子设备。克里斯托弗·斯威特（Christopher Sweet）引导本项目的航船驶向优良的出版港湾。powerHouse Books 出版社的丹尼尔·鲍尔(Daniel Power）、克雷格·科恩(Craig Cohen）、威尔·勒克曼(Will Luckman）、韦斯·德尔瓦尔(Wes Del Val)、乔乔·马(Jojo Ma）和克日什托夫·波卢霍维奇（Krzysztof Poluchowicz）在本书制作中倾注了热情和智慧。感谢你们所有人。

图书在版编目（CIP）数据

银盐时代：与伟大摄影师相遇 /（美）约翰·洛恩加德
(John Loengard) 著；朱鸿飞译 . 一 长沙：
湖南美术出版社，2017.12（2019.5 重印）　书名原文：Age of
Silver: Encounters with Great Photographers
ISBN 978-7-5356-8148-5

Ⅰ . ①银… Ⅱ . ①约… ②朱… Ⅲ . ①摄影师 – 生平事
迹 – 世界 – 现代 – 摄影集 Ⅳ . ① K815.72-64

中国版本图书馆 CIP 数据核字（2017）第 219272 号

Photographs and text © 2011 John Loengard
Preface © 2011 David Friend
Originally published by powerHouse Books, New York.
本书中文简体版由后浪出版咨询（北京）有限责任公司出版。
著作权合同登记号：图字18-2017-113

银盐时代： 与伟大摄影师相遇

YINYAN SHIDAI YU WEIDA SHEYINGSHI XIANGYU

出 版 人：黄　啸
著　　者：［美］约翰·洛恩加德（John Loengard）
译　　者：朱鸿飞
选题策划：后浪出版公司
出版统筹：吴兴元
编辑统筹：蒋天飞
责任编辑：贺澧沙
特约编辑：尚　达
营销推广：ONEBOOK
装帧制造：墨白空间·李渔
出版发行：湖南美术出版社（长沙市东二环一段 622 号）
　　　　　后浪出版公司
印　　刷：北京盛通印刷股份有限公司
　　　　　（亦庄经济技术开发区科创五街经海三路 18 号）
开　　本：787×1092　1/8
印　　张：17
版　　次：2018 年 3 月第 1 版
印　　次：2019 年 5 月第 2 次印刷
书　　号：ISBN 978-7-5356-8148-5
定　　价：160.00 元

读者服务：reader@hinabook.com 188-1142-1266
投稿服务：onebook@hinabook.com 133-6631-2326
直销服务：buy@hinabook.com 133-6657-3072
网上订购：www.hinabook.com（后浪 官网）

魔　手

——大卫·弗兰德

1956 年，当少年老成的约翰·洛恩加德（John Loengard）还在哈佛大学读四年级时，他就已经显露出摄影方面的才华。《生活》的编辑注意到他，开始给他安排拍摄任务。没用多久，他就得到一个令人垂涎的专职摄影师职位，开创了一段驻地艺术家生涯。这份工作需要思考、智慧和冷静，倾向于独自在现场工作，而且通常一走就是几周。（他在《生活》的同行出任务时通常都带上记者，这个记者有时还兼任助手，背上必需的三脚架、相机包，甚至咖啡。）

假以时日，洛恩加德将成为黑白摄影专题的大师之一。他最为不朽的报道——关于最后一处震颤派（Shaker）社区的、关于画家乔治娅·奥基夫（Georgia O'Keeffe）的、关于他家在缅因州的避暑别墅的——成为该类型作品的标杆。他擅于创作真实、优雅、简洁甚至朴素的环境肖像；他创作的奥基夫、作家艾伦·金斯堡和喜剧演员比尔·科斯比（Bill Cosby）等众多人物的专题成为公认的经典。事实上，在《生活》作为周刊发行的风雨飘摇的最后十年期间，《美国摄影师》把洛恩加德称为《生活》"最有影响力的摄影师"。

到 20 世纪 70 年代，他已经担任了《生活》一系列特刊的图片编辑，后又在《人物》工作了一段时间。1978 年，他在《生活》作为月刊复刊时出任摄影总监。在此职位上，他给众多摄影巨擘布置一些标志性任务，并且帮助打造许多新人的职业生涯。实际上，安妮·莱博维茨曾提到，正是在 1980 年洛恩加德安排她为《生活》一篇关于诗人的故事拍照期间——特别是拍摄一幅苔丝·加拉格尔（Tess Gallagher）穿着戏服骑在白马上的照片时，她走到了创作上的观念转折点。"那幅苔丝·加拉格尔肖像，"她写道，标志着"我开始将拍摄对象置于某个概念中。"

那时候，我还是《生活》的一个年轻记者，正在花费大量时间学习如何拍摄所谓的图片故事或摄影专题。现在，这种故事讲述方式已经与时代格格不入——相当于中篇故事或十四行诗或哑剧的杂志版本。图片故事由杂志上连续跨页排版的一系列并置图片组成，辅以短小的文字块和图片说明。图文交织的目的是按时间顺序讲述一个夺人眼球的故事。为此，我总是和一位世界级摄影记者搭档，满世界寻找独家新闻。要是你能拍到一个对象，并且它有点新闻价值，还有某种意义，又出人意表，你就有了一个故事。就这样，我——总是在洛恩加德挑选的一位摄影师的陪同下——奔向世界各地：阿曼和突尼斯、科威特和沙特阿拉伯、叙利亚和约旦、以色列和约旦河西岸、朝鲜和夏威夷、军事管制中的波兰、刚发生一次石油钻塔事故的纽芬兰、战争期间的阿富汗和黎巴嫩。

我很快养成了一个习惯。大部分晚上的六点半——那还是在全天候有线新闻、互联网和移动设备问世前——我会和几个记者一起看半小时晚间新闻，努力掌握一些事件的最新动态。我们可能会在随后几周或几个月报道这些事件。接着我会漫步走过摄影部门的黑暗走廊，悄悄地在约翰·洛恩加德有点凌乱的宽敞办公室找个位子。

面无表情的洛恩加德通常会靠在办公桌后的椅背上，领带像他纤细的头发一样歪斜着。他通常穿着皱巴巴的灰色便裤和暗红色翼尖鞋，而且一般都拿着——像拿纸面具一样离脸只有十几厘米——一张刚从冲印室洗出的黑白接触印相。每张接触印相印有一卷 36 张的 35 毫米负片，冲印室将负片冲洗、分段，再印成正相的几排缩略图像。（洛恩加德讨厌"图像"一词，别人把照片称作图像的时候，他都会皱起眉头。）

他把脸背着光，抬起头，这样可以更好地利用头顶上方的荧光灯。这时他会轻轻发出赞同的声音。（他常常会轻声咕哝，或含糊地答应，或中途打住，最后变成斯芬克斯式的沉默。）他一边听我滔滔不绝地谈论新闻或一次即将到来的任务或一张我新近赞赏过的照片，一边端坐如故，对着接触印相，上上下下一幅一幅地快速移动放大镜——实际上是一枚他用作放大镜的徕卡镜头。偶尔，他会用铁灰色的锐利双眼瞪着我，这时他的浓眉看上去像演员米罗·奥西（Milo O'Shea）的一样狂野。然后他会点点头，或者做个怪相，继续编辑。

吃透每张接触印相后，他会拿起一支润滑脂铅笔，标出那些可能值得放大为工作样片的个别画面。间或他会停下手头工作，接一个在现场工作的摄影师打来的晚间电话，他们可能在欧洲，这时刚刚回到酒店房间，或者在洛杉矶经历了一天的拍摄，打个电话过来。（他的副手梅尔·斯科特［Mel Scott］通常还在隔壁办公室编辑，在看片台旁弯着腰在成堆成堆的幻灯片里翻找。）

最终，洛恩加德会开口交谈——一边还在不停编辑。我会努力吸取他的知识。他讨论正在编辑的报道的微妙之处。他尽力处理即将到来的拍摄工作的种种困难。他会解释某个故事为什么不成功——以及他是如何从安排任务那一刻起就知道它必将失败的原因。他可以从 50 码外认出一幅构图精巧的照片，告诉你它好在哪里。相比优美，他更看重一幅照片的自然性和意外性；相比艺术性，他更看重它的动感和内容。

他总是能从一张扔掉的接触印相的缝隙里，或者从一堆幻灯片深处找到那个不同寻常的时刻，它将成为一篇摄影专题的基石——一张讲述一个深刻而微妙的故事的照片。在某些排版会议期间，当其他编辑讨论一篇文章的照片选择和节奏时，他一声不吭，然后他会停止默想，搜出一张落选的样片，或者翻过一张附近的样片，将它的白色背面盖住第一张照片的一部分，用这个方法提出一种有趣的裁剪新构想，创造出一幅尚没人想到的全新图像。

为一项工作，洛恩加德会钻研几十个胶卷，《生活》杂志社现任摄影总监芭芭拉·贝克·伯罗斯（Barbara Baker Burrows）回忆道。"然后他会把几张照片拿进版面设计室，"她说，"把一两张交给编辑，坚称：'就是它。'他们会说：'约翰，这个摄影师拍了上百卷呢。'他一口咬定：'就是它！'他是个非常优秀的编辑，完全知道什么应该、什么不该用在最终版面上。"

"他全身上下没有一处不确定。我记得那样的姿态：他带着'我知道我在做什么，别质疑我'的神气走进来。他有气势，在任何房间里都罩得住。如果他开口，大家都会听。他们相信他对新闻的敏感、他的要求、他的直觉。他无所不知。在我的职业生涯中，我还从没有在其他人身上学到那么多。"事实上，洛恩加德曾在新闻现场工作多年，因此他理解那些困难。这份资历，这份智慧，这份眼光——以及《生活》管理层对这位图片编辑的品位和才华的敬重——反过来也赋予摄影师更高的水准、更强的能力、更多的创造力和自由度。

洛恩加德以严词厉色的先知姿态在行业内闻名，他是希伯来圣贤和怀着严厉的爱的足球教练的结合，是底比斯先知和摄影界的鲍勃·福斯（Bob Fosse，美国音乐剧编舞、音乐剧导演和电影导演。——编注）的结合。福斯会亲自监督每一个镜头的舞蹈设计，同时发现和培养新人。洛恩加德独身一人，有一种专注甚至高贵的神态，闪耀着义愤之情的光芒。他有时也表现出吹毛求疵和生硬粗暴的态度，而且天生对愚笨的人没有耐心。他是主见和好奇心、经验和直觉、怀疑态度和奇才的混合体。他是独裁的家长，也是充满无穷想象力的毛头小伙。

他有令人着迷的吸引力。他总是不断地——有时令人恼火地——违背直觉。他的思维会直达一个问题的核心，或分析到问题的反面，或追究到问题不为人注意的方面。"和约翰待在一个房间时，我总觉得，"摄影师迈克尔·奥布赖恩（Michael O'Brien）坚称，"我能感觉到他的脑子在工作。他的精神力量就是那么强大。"

"他把摄影师看成自己的同类——聪明——不是惹是生非的人。"摄影师哈里·本森说，"他站在摄影师一边，常常与（出版）公司作对，这是罕见的特质。他真的是摄影师的编辑。其他编辑会挤在一个房间商定某件事，约翰则会微笑着走开，与摄影师一起想出讲故事的真正方法。他知道，在《生活》杂志社，摄影记者是国王。"

"他是个绅士。这不是后天养成的——不是为上等人装出来的礼节。这是他与人交流的自然方式。即使对那些来任职的最蹩脚的摄影师，他也会提出一些好建议。他总是独立自主。他不需要别人。他是独来独往的孤狼——作为一个摄影师及作

为一个编辑。"

洛恩加德以鼓励年轻摄影师闻名（偶尔，如果看中某人的作品集和才智，他会当场分配任务），但也会让一些人含着泪离开他的办公室。多年后，几位成功的摄影记者承认，他们与这位伟大的、粗暴的洛恩加德的初次接触依然是他们痛苦的记忆。

他会在摄影师出发采编前，以及在他们到达现场后，一而再地鞭策他们，坚持要他们尝试一些艰巨的、荒谬的，甚至是不可能的任务。他的意图是扩展他们的极限，强迫他们为每个给定的画面场景考虑各种可能的视觉效果。有一次，摄影师布赖恩·兰克去拍摄替代能源的先行者，其间他有点困惑地给我打来电话。当时他在阿拉斯加拍摄一个富有创新精神的小麦种植主，种植主碰巧还养水牛。那时我是记者，正在纽约干得热火朝天。

兰克刚刚与洛恩加德通完电话，他告诉我："约翰的主意是：'为什么在麦田里拍这个人？为什么不租架农药喷洒机，拍他坐在飞机里，翻转机身飞过田野，同时所有那些牛都在下面？'好吧，你如何同时对焦在那家伙和水牛身上？尤其是他只有六头水牛，它们看上去会是几个小点，除非你贴着田野掠过。不过约翰倒是让我想到：一架飞机会出人意料。而且我也有点喜欢头下脚上的主意。"于是兰克让我四处打听在费尔班克斯租用螺旋桨飞机的现行价格。

"这事对我影响很大，因为与约翰的那次谈话为我在感知上打开了几扇门。"2011年2月，63岁的兰克回忆道。一个月后，他死于胰腺癌。"我再也不会像以前那样看待一个任务。我会一直寻找：还有什么我们没想到的？这件事改变了我的一生，因为我认识到他是正确的。很多情况下，你接到一个任务，把它装进盒子里。但一个任务既没有盖，也没有边，它是完全开放的。你可以走出来，以全新的眼光看它。"

"约翰是专家里的专家。当我到一个地方，我可能说：'这里没什么可拍的。'但如果亨利·卡蒂埃-布列松或约翰·洛恩加德在那里，他们会拍出极好的照片。因此我得去寻找，去发现。它就在那里。而且我知道一件事：如果你认为它不在那里，你就找不到它。"

有一个作为理想标准的洛恩加德在耳边叮咛，《生活》的摄影师会一边拨弄着快门，一边不断自问：这里的故事是什么？这张照片如何融入那个故事？故事情节会不会改变，因而我也该改变我的先入之见？这张照片在说什么？我还得考虑些别的什么？我怎么能让它更进一步？首图、末图、跨页图在哪里？

"他很苛求，但我喜欢那样。"摄影师玛丽·埃伦·马克

（Mary Ellen Mark）坚持说，"他要求某种特定的完美。他不会轻易满足。你为他工作时，他期望很高，你得满足他。你得为他把事情做好。现如今，什么都是程式化的，没有灵魂。约翰喜欢有内涵的照片，并且一直在捕捉伟大的时刻。看看哈里·本森的工作：他会交给哈里一项不可能完成的任务，哈里会带着成果回来。为约翰工作是个挑战，我总是对他尊敬有加，因为他确实是一个伟大的摄影家——他是真正的高手。他自己的摄影是标志性的，技术也出色。他知道自己要的是什么。"

"约翰从不就一个任务要求摄影师具体拍摄什么样的照片。"迈克尔·奥布赖恩说，"他是武林高手，在你出发前指点一两个方向，帮你弄清需要做什么。我还记得一个关于杰西·杰克逊（Jesse Jackson）的专题报道。他的一句话为我重新构建了整个报道。他说：'如果你见过那样的照片，别拍它。'他的言下之意：像你从未见过他那样表现杰西·杰克逊——一个频繁出现在镜头前的人物。"

"你总是知道如何与约翰相处。恭维话很少很少。他总是直率坦诚。如果你走进那里（他的办公室），并且他喜欢你的一两张照片，你就拼命乐吧。记得我在德国拍摄一名美军坦克中士的故事，当时是二月，我坐在一辆坦克外面走了三个星期。胶卷被寄到纽约，（到我回去的时候）已经冲洗好了。我到他的办公室，指望听到一句赞扬的话。我觉得我做了一件了不起的事。结果，他转向我，用那个令人沮丧的目光凝视我，说：'我这么说吧，迈克尔，如果这卷胶卷在运输途中弄丢了，我们不会有任何损失。'他完全坦坦荡荡。这就是他的优点：从不误导我，从不文过饰非。"

洛恩加德后来做过教育者、摄影名著的编辑、摄影史学家和评论家。许多人认为他是关于摄影的最敏锐的作者之一，他简明、直接和独特的风格引人入胜，广受好评。（可一读他的力作，129页的摄影师罗伯特·卡帕的生平概略。）洛恩加德还拍摄了《生活》杂志社43位摄影师的录像，集结成集，制成一份珍贵档案。这些成为他的编著《〈生活〉摄影师：他们看到了什么》（Life Photographers: What They Saw，Bulfinch Press，1998）一书的基础。

借助所有这一切——借助那本图片周刊的消亡，借助可靠的徕卡相机，借助袖珍测光表和接触印相——约翰·洛恩加德继续拍摄照片。

洛恩加德眼光独到，常能早于他人察觉事物的模式。20世纪90年代，在专栏作家、权威专家和商业出版物还在问"摄影报道是否已死？"的时候，洛恩加德开始考虑的已经不仅是摄影报道，还有传统摄影本身的消亡。他正确地看到了传统摄影向数字摄影的转变将带来一场革命。

了解一点当时的背景似也无妨。20世纪90年代初，数字时代经历了一次惊天嬗变。互联网这项新技术为外行提供了一张进入电子网格的廉价门票。电子网格在迥然不同的提供者和接收者之间连接起数据流，它极大地改变了我们制造、消费、传播、编辑、存档和优选信息的方式。互联网加快我们的交流节奏，扩展我们获取知识的方法，增进彼此了解，帮助媒体的民主化，提供几近无限的娱乐机会。另一方面，它也有淡化冲突的风险，会贬低知识分子话语，不断分散我们的注意力，给我们的感觉器官带来沉重负担。

与此同时，另一个转变也在互联网开始占据支配地位之际悄然发生。摄影师——想想电子革命如何蚕食从汽车仪表板到烤肉温度计等等的一切——一个接一个，然后大批大批抛弃传统相机，开始创作数字照片。一夜之间——至少现在看来似乎如此——照片冲印店、宝丽来或柯达克罗姆胶片消失得无影无踪。街角快照店让位给笔记本电脑的图像处理软件，平板电脑取代了影集。

数码相机——20世纪70年代，由柯达公司的史蒂文·塞尚（Steven Sasson）率先开发，但直到20年后才开始广泛应用——成为行业标准。在随后两个骚动的年代，早先的模拟过程转变为数字过程。过去的150多年里，摄影师依赖氯化银等物质将图像蚀刻在负片或反转片表面——在暗房制出一张成品照片的前提。对化学的依赖转为对物理的依赖：光以电子方式将图像刻印在感光元件上。一夜之间，摄影师得以在相机背后即时看到刚刚拍摄的照片，得以在极暗的光线下捕捉运动和精细画面，得以在电脑上提升画质、修改画面，得以将作品在瞬时传送到世界各地。摄影依然是一门光与影的艺术，依然是以光子为颜料的绘画，依然是将空间和时间浓缩在二维平面上的表达，但是现在，摄影更是一种自发的体验。数字图像为图片制造带来了一种隐含的无缝性：取景——按快门——回放——取景。

约翰·洛恩加德很早就认识到这个即将到来的转变，从理智层面和情感层面上理解了它的意义。他和其他一些行业领军人物预见到，假以时日，银盐和相纸的迷人世界将一去不返，一个日益扩张的数字和像素的世界将取而代之。

新时代日益临近之际，洛恩加德继续拍摄与摄影有关的独特照片：摄影师同行的照片、编辑同行的照片、他们的照片的照片——摄影师、策展人、继承人手拿摄影大师的珍贵负片。

1989年，他一腔热忱地启动了一个摄影师肖像的项目。一开始，这是他给自己安排的任务。他集中拍摄年事已高的同事、一流杰出人物和摄影师。但随着拍摄进行，现在他承认："我认识到这是一个非常无聊的话题。当我一个人对摄影师说只想随便逛逛时，照片没了活力。"但是不久后，他接到任务，要他继续这项拍摄，照片才有了新的生命力。"当你受到委托去拍摄时，你是代表《纽约时报》或《生活》或《人物》去的。你成为一条通道。你的拍摄对象活起来了，更卖力了。他们真的想给你留下深刻印象。他们希望确保你拍到好料，为他们营造好的形象。你发泄了他们的精力。"结果，这些照片充满了活力和生活趣味，反映了所表现的艺术家和他们钟爱的艺术形式的积极特质。

至于洛恩加德对著名作品的负片保管人的研究，这项工作于1994年完成。其时正是一小群影响日益广泛的摄影师对数码摄影的未来充满信心之际。完成这个系列的拍摄后，洛恩加德说："我认识到，负片已经成为过时的工艺品。"

实际上，洛恩加德已经成为一位人类学家、抒情诗人、银矿勘探员。自第一台脱粒机、第一支左轮手枪和第一封电报的时代起，摄影的媒介就一直有望实现永恒：某个瞬间可以以银盐的形式永久固定在一个平面上。认识到这一点的洛恩加德扮演了反向的炼金师角色：他掌握着将银转化为一件普通物品的秘密工艺，不过这个物品里珍藏的是某个永恒的时刻。

但是现在，永恒所赖以建立的基础工艺本身已经烟消云散。取而代之的是，不管是好是坏，我们有了一项新工艺，它偏重纯粹的瞬间激情，忽视珍贵时刻的深刻含义。不过在本书的字里行间，我们至少有了一份记录，一个图片故事，一篇对死亡预言的记载。凝视约翰·洛恩加德的照片，我们看到了美、奇迹和启示。无可否认，数码摄影新的黄金时代是从白银般耀眼的过去发展起来的，我们也可以从这个认识中获得一丝慰藉。

▲ **1953年，马萨诸塞州剑桥市**

　　1953 年，在 27 名鸣着警笛的摩托骑警护卫下，赢得最近一场冷战斗争的希腊国王保罗（King Paul）和王后弗雷泽里卡（Queen Frederika）访问波士顿。摄影记者纷纷举起相机。国王夫妇结束他们对哈佛大学校长内森·普西（Nathan M. Pusey）的访问时，一名戴着白手套的校警为他们清道。

"媒体上的媒体本身就是一幅图片。" ——约翰·洛恩加德，2011 年

1953 年，希腊国王和王后访问波士顿，与一大群摄影记者面对面。媒体上的媒体本身就是一幅图片。我为哈佛学报拍摄了这张照片。直到 20 世纪 80 年代和 90 年代初，当摄影作为一门艺术最终受到重视时，我才再次拍起了摄影师。为《生活》等杂志社工作时，我拍摄了当时受人关注的摄影师的照片。他们之所以出名，要么是因为一本新书，要么是因为某个引人注目的展览，或者只是因为他们即将结束一段成功的职业生涯。

与同行面对面令人兴奋。杂志读者众多，摄影师也渴望得到公众关注。如果可能，我希望拍下每一个同行在做一些比为肖像照摆姿势更有趣的事情：雅克·亨利·拉蒂格回到巴黎孩提时的家中，兴致勃勃地将汽车内胎一次次抛向空中；安妮·莱博维茨站在纽约克莱斯勒大厦 61 层伸出的滴水兽上拍摄；亨利·卡蒂埃－布列松放风筝。布列松还让我拍摄他的一幅著名照片的负片，照片上，一个肥胖的男子正试图跳过巴黎一座火车站后面的水塘。

1833 年，英国人亨利·福克斯·塔尔博特（Henry Fox Talbot）发明了负片。他在暗处将氯化银涂在一张纸上，再放上一片叶子，拿到太阳下晒。（银和氯在黑暗环境中化合生成氯化银，受到光照时分解。）在阳光下，氯气像所有气体一样飘走散发。沉积在纸纤维中的暗色银颗粒出现在没有被叶子覆盖的所有地方。叶子下方的纸依然呈白色。盐水冲洗冲走了未感光的氯化银。负片由此诞生，并且在超过 150 年的时间里，每张黑白照片都是用一张负片制作出的。

其他类型的照片（如达盖尔银版照片或彩色幻灯片）都从银盐负片发展而来，但负片并不在冲洗过程终了时独立存在。然而发现了黑白负片的魅力后，我开始拍摄一些著名照片的底片。这些底片都被创作者或策展人拿在手里。

现在，用数码相机拍照不仅比以往更容易，而且充满了乐趣。数码照片用电子方式生成，无须用到银的化学变化，也没有负片。评论人兼摄影师威廉·迈耶斯（William Meyers）指出："羽管键琴在会演奏的人手里是一件绝妙的乐器，但已经过时了；胶片相机也走上了那条路。"

数码照片被拍出后可以被不留痕迹地轻易修改。我担心，因着修改的这份便利，数码摄影的便利将成为一桩浮士德式的交易。当我们对一张照片的准确性失去信心时，这张照片就失去了灵魂，成为一幅普通的图片。

谨以此书献给银盐和那些将其运用到极致的摄影师。

安妮·莱博维茨

安妮·莱博维茨站在曼哈顿克莱斯勒大厦61层伸出的滴水兽上，助手罗伯特·比恩（Robert Bean）将新胶片递给她。我在一个安全的露台上看着，奇怪居然有人肯让他们爬上那里。这层楼有八只滴水兽，舞蹈演员大卫·帕森斯（David Parsons）在另一只上摆姿势让莱博维茨拍摄。

莱博维茨计划几周后在罗彻斯特理工大学的一次演讲中使用帕森斯的照片，她将在演讲中表达对玛格丽特·伯克－怀特的敬意。（20世纪30年代初，《生活》杂志著名摄影师伯克－怀特被拍到蹲在一只滴水兽上，那时她的摄影室工作就在那一层。）

但是最后，莱博维茨用了当天下午早些时候拍摄的一幅照片。照片上，帕森斯在她位于市区的摄影工作室怪异地用一只膝盖和两肘撑在地板上。照片投到罗彻斯特理工大学的屏幕上时，莱博维茨告诉听众："他看上去像在与地面搏斗。"

◁ 1993年，洛杉矶

　　莱博维茨坐在一个布景前。她搭建这个布景向哥伦比亚画家费尔南多·波特罗（Fernando Botero）的作品致意。

　　"我从未让任何人放松。"莱博维茨说，"我一直认为那是他们的问题。不管他们是放松还是不放松，那是一张照片的趣味的一部分。"

　　当人们说一张照片表现了某个人物时，可以想见，莱博维茨感到了困惑。"一张照片只是他们在某一时刻的样子，"她说，"觉得可以从中看到更多内容的想法似乎有点自以为是。"

▲ 1993年，洛杉矶

　　莱博维茨在检查宝丽来测试片，喜剧演员罗丝安妮·阿诺德（Roseanne Arnold）在一旁等着。如今，数码相机可以即时显示成片，不必再用一分钟之后才能显影的宝丽来胶片做测试。凭借数码相机，摄影师还可以今天在此地拍摄某个人，明天在彼地拍摄另一位，同时将两张照片无缝合成一幅图片。莱博维茨经常这样做，而且做起来得心应手。

詹姆斯·范·德·泽

▲ 1981年，纽约

　　有人安排 95 岁的詹姆斯·范·德·泽在麦迪逊大道的一间画廊拍摄 98 岁的作曲家尤比·布莱克（Eubie Blake），并且邀来了媒体。两人聊着天，摄影师像一群苍蝇，一会儿跑到左边——咔嚓咔嚓咔嚓，一会儿跑到右边——咔嚓咔嚓咔嚓，一会儿绕到后边——咔嚓咔嚓咔嚓，一会儿又回到左边。他们在批量拍摄，但什么也没拍到。最后，范·德·泽让他的相机曝了光。他没用快门，在我们都咔嚓咔嚓咔嚓的时候，他拿下镜头盖，等了一秒，再轻轻地盖回去。

▷ 1981年，纽约

　　1969 年，大都会艺术博物馆（Metropolitan Museum of Art）一场名为"哈莱姆区在我心中"（*Harlem on My Mind*）的展览将范·德·泽的作品推到了万众瞩目的中心。在此之前，他在哈莱姆区的照相馆已经静悄悄地营业了 50 年。然而展览尚在进行，范·德·泽却已被逐出照相馆及生活了 29 年的家。他的妻子死于 1976 年。

　　全国城市联盟（National Urban League）的研究员唐娜·穆森登（Donna Mussenden）发现范·德·泽住在一间逼仄的公寓里，靠救济生活。她帮助他恢复了经济自主。1978 年，他们结了婚。"她给了我生活的力量。摸摸她的手都让我像过电了。"范·德·泽说。

詹姆斯·范·德·泽

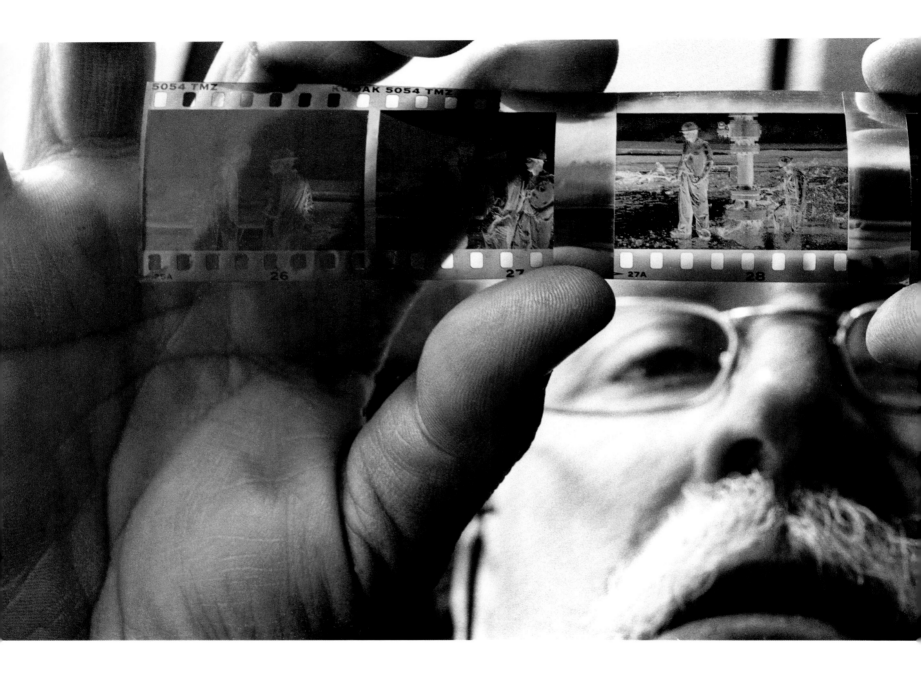

▲ 1993年，巴黎

　　《纽约时报》的马修·L·沃尔德（Matthew L. Wald）如此描述在科威特工作的塞巴斯蒂昂·萨尔加多："身材中等，体格粗壮，头发日渐稀疏，留一副显眼的八字胡，穿黄色胶鞋，戴一顶粉红色棉质渔夫帽。"

　　巴西人萨尔加多拥有经济学硕士学位。他决定拍摄这个机械化世界里依然存在的体力劳动。"工人阶级正在消亡。我要向他们致敬。"他说。1986年，他拍摄了在巴西佩拉达山（Serra Pelada）露天矿坑寻找黄金的五万名辛勤劳作的工人，由此开始了他的事业。他继续拍摄从事各种劳作如收割甘蔗、捕捉金枪鱼、装配自行车、炼钛、杀猪、在英吉利海峡下挖隧道的人。他给我看他在1991年拍的负片，照片上的工人正在扑灭科威特大布尔甘油田的一场大火。"他们是这个时代的英雄。"他说。

塞巴斯蒂昂·萨尔加多

▲ 1993年，巴黎

　　"我来自一个第三世界国家。我与它的人民紧密相连。我的视角是第三世界的。"萨尔加多说。挂在他的巴黎阁楼上的这张吊床表明，你可以带这个男孩离开巴西，却带不走这个男孩心中的巴西。

安德烈亚斯 · 费宁格

▲ **1992年，纽约**

"彩色毫无新意，司空见惯。但是用黑白两色，你可以拍出有趣的照片，却不会让它看起来不自然。"安德烈亚斯告诉我，"把某个东西拍得跟眼睛里看到的一样是毫无用处的，我认为。"

我请他拿着一只贝壳，这是他最喜欢的拍摄对象，但离脸不远的贝壳让他显得很不自在。他建议改用餐桌中央摆饰里的鲜花。

▷ **1992年，纽约，时代－生活冲印室**

"巧加利用的话，照相机能比眼睛看得更多，从而开阔……我们的智力和情感视野。"费宁格说。例如，1949 年，海军在一架执行夜间飞行任务的直升机的螺旋桨叶片上装了灯。在报纸上看到这架飞机的照片后，费宁格希望捕捉到它飞行时呈现的美丽螺旋线。他用灯光照亮地面上的飞机，按下快门，在飞机在黑暗中上升时依然开着快门。他给我看了那张负片。"这里的惊喜，"他说，"是在飞行模式中同时看到一个优美动人的设计和一条运动和时间的曲线。"

安德烈亚斯·费宁格

理查德·阿维顿想拍摄一个浑身爬满蜜蜂的人。他登广告征集拍摄对象，找到芝加哥银行家兼业余养蜂人罗纳德·菲舍尔（Ronald Fischer）。1981年，在加利福尼亚州戴维斯市，身材高大、剃着光头的菲舍尔在身上涂上吸引蜂群的蜂王外激素，耐心地站在户外，阿维顿拍摄了121张照片（此处他拿着其中他最喜爱的一张负片）。两人都被蜜蜂蜇伤了。

理查德·阿维顿

26
27

理查德·阿维顿

◀ 1994年，纽约

　　阿维顿相信，"肖像照就是某个知道自己在被拍的人的照片。这个认知对他的影响就像他的衣着和外貌一样是照片的一部分"。

　　惠特尼美国艺术博物馆（Whitney Museum of American Art）举办的阿维顿作品回顾展遭到冷落。几天后，我来到阿维顿在四个街区以东的工作室，为《人物》拍摄他的照片。他直接把我领到这个充满魔力的房间。

艾伦·金斯堡

► 1966年，
堪萨斯州劳伦斯市

　　1966 年，艾伦·金斯堡在堪萨斯大学校园与学生一起喝茶。"他曾经是'垮掉的一代'诗人中那个一头乱发的野人，"《生活》写道，"如今，金斯堡走向美国各地，给不大可能喜欢其作品的热心观众朗诵。"那时，无论是《生活》，还是我，都不知道金斯堡还是一个颇有恒心的摄影师。"我看到的，比我能够真正写下的更多。"他在 20 世纪 20 年代写道。"这 40 年来的照片就像我记的日记——40 年来，我见到的那些大开眼界的时刻。"

罗歇·泰龙

▲ 1989年，巴黎

    编辑图片绝非儿戏。《巴黎竞赛》（*Paris Match*）画报编辑罗歇·泰龙精挑细选，好中选优，因此得到一个外号："L'Oeil"
（眼睛）。

大卫·特恩利和彼得·特恩利

◀ 1989年，巴黎

    特恩利兄弟是双胞胎，长得一模一样。两人 1955 年在印第安纳州韦恩堡市出生，毕业于密歇根大学，都主修法国文学。1989 年，两人都住在巴黎。大卫（右）为《底特律自由报》（*Detroit Free Press*）工作，彼得在《新闻周刊》（*Newsweek*）工作。因为大卫为报纸工作，他的作品有资格拿普利策奖。他确实得到了。

哈里·本森

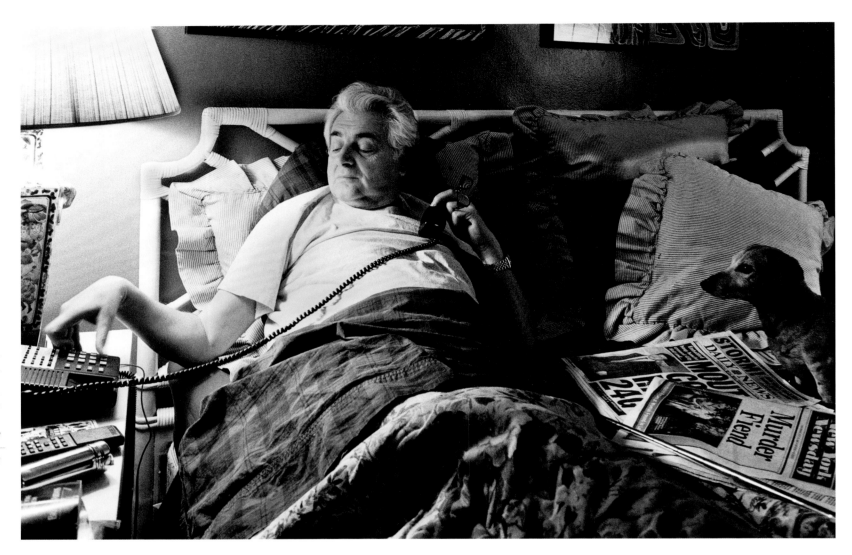

▲ **1991年，纽约**

直率的哈里·本森讨厌发言人，"他们总想限制你拍什么照片，"他说，"他们会说：'你不能去那里，不能在这个房间里拍，得到那个房间去拍！'我们得反对这一切。"

"许多记者认为，这就是做报道的方式，让公关人员告诉我们该做什么。我听到（记者）在电视上大放厥词：'我们有新闻自由。'一派胡言。小法西斯分子正把它夺走。真是糟透了。没人费心说上一句：'够了！'这不是我们做事的方式。"

为了给《人物》拍摄本森的照片，我来到他的公寓。我问他，要是我没来，他会做什么。"我通常一上午都赖在床上打电话。"他说。

"唔，那么……"我答道。

▷ **1994年，纽约**

"拍摄披头士乐队的这幅照片的那个晚上，他们听说《我想握住你的手》(*I Want to Hold Your Hand*)登上美国排行榜首位。这意味着他们会去纽约录制《埃德·沙利文秀》(*Ed Sullivan Show*)。等他们的经理离开房间后，我说：'来场枕头大战，如何？'"本森说。他手里拿着这张 1963 年在巴黎乔治五世酒店为伦敦《每日快报》(*Daily Express*)拍摄的负片。"第五幅是这卷里唯一一幅真正好的照片。它改变了我的工作方式。"本森说，"我第一次在名人面前觉得轻松自如，也有了信心挑战严肃的舰队街(Fleet Street，位于伦敦市中心，曾是报馆集中之地，常被用来指英国报业。——译注)的摄影常规。我不怕创造一个戏剧场景，不怕通过摆拍来表达一个观点。"

哈里·本森

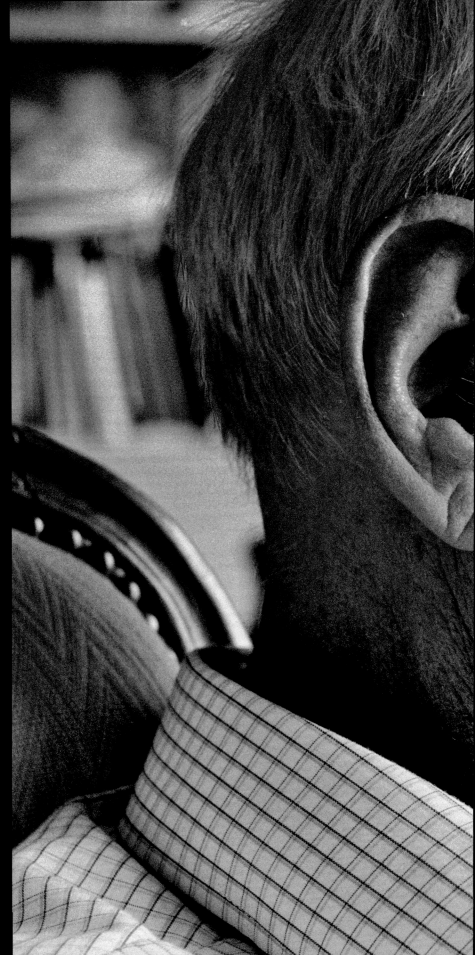

▲ 1987年，法国福尔卡基耶附近
▶ 1987年，巴黎

　　亨利·卡蒂埃－布列松在他的乡间住所写信。没有哪个摄影师对同时代摄影师拥有布列松那么大的影响力，但他痛恨别人给他拍照。1956 年，初次见到他时，他对我们这些徘徊在纽约马格南图片社（Magnum Photos）的新手说："我必须隐姓埋名，我是个街头摄影师。"31 年后，他还是念着这一套，不过 79 岁的他已经很少在街头拍照。

　　彼得·加拉西（Peter Galassi）正在为纽约现代艺术博物馆（Museum of Modern Art）组织一场布列松早期摄影作品展。出于宣传目的，卡蒂埃－布列松同意接受一次图片报道。即便如此，当我来到他位于巴黎里沃利大街的公寓时，他问能不能全部从背后拍。

　　"亨利，我不能讲一个不露脸的故事，"我说，"那太愚蠢了。"他看了一眼我寄来的一本书，书的封面是另一个摄影师的特写。"像拍布拉塞那样拍吧。只露一半脸。拜托。"我说我试试。

　　他开始为我拍照，像扇舞舞女一样灵活地举着徕卡相机在脸前晃来晃去（见 2—3 页）。我也给他拍照。最后我移到侧面，将相机凑近他脸颊。他退缩着，轻声说："噢！我多么讨厌别人拍我啊。"然后他控制了自己，坚定地说："彼得那么努力地安排展览，组织展品，我要帮帮他。"有那么一刻，他似乎听任抛头露面的事情发生。

◁ **1987年，巴黎**

　　我们在巴黎布洛涅森林的一家咖啡馆喝咖啡，卡蒂埃－布列松从背包里拿出素描本，开始画画。"我现在对摄影一点都不感兴趣。"他重复着 20 年来的口头禅，"噢，家里有台相机，如果看到某个画面，我也许会拍下来。但我不喜欢摄影，一点也不。我一直想做个画家。"

▲ **1987年，巴黎**

　　卡蒂埃－布列松在巴黎 Picto 冲印店的冲印师乔治·费夫尔（George Fèvre）将一张 1932 年的负片放在看片台上。（"二战"开始后，卡蒂埃－布列松剪下每一张他喜爱的 35 毫米负片，放进一只小的亨帕饼干桶里安全保存起来。）《圣拉扎尔车站背后》（Behind the Gare St. Lazare）也许是卡蒂埃－布列松最著名的一幅照片。"我正从一道篱笆的缝隙里看过去，"卡蒂埃－布列松在

《决定性瞬间》（The Decisive Moment，Simon & Schuster，1952）一书中写道，"栅栏板间的空隙不及我的镜头宽，这就是照片左边被裁掉的原因。"（照片空白部分在印相时被裁掉。）

　　奇怪的是，胶片一边的齿孔没了。也许制造时就没有，或许被谁剪掉了。我问卡蒂埃－布列松（他和我们站在一起）。"我把它们吃了。"他说。

　　卡蒂埃－布列松的乡村住宅位于上普罗旺斯一个叫吕贝宏（Luberon）的地方。从拍照的角度看，我对那里的造访很不成功。卡蒂埃－布列松在屋子里写信，但一直拿手挡在脸前（见34页）。我们到镇上去游泳，一个拍照的机会又消失了——当地泳池关闭抢修。回家后，卡蒂埃－布列松在田野里速写，我从他后面拍风景（见42—43页）。他画完后，我问他还会做什么。"没什么，"他说，"真的，没什么好做的。"

　　卡蒂埃－布列松的妻子马蒂娜·弗兰克（Martine Franck）本人也是一名优秀摄影师，她理解我的失望。她建议我在次日上午去机场的路上过来道个别。我去的时候，她在前厅壁橱里翻找，最后找到一只风筝。那是卡蒂埃－布列松经常与15岁的女儿梅勒妮（Mélanie）一起放的一只风筝。她怂恿他为我放一次。

亨利·卡蒂埃－布列松

▼1987年，巴黎

　　卡蒂埃－布列松在一辆巴黎公交车上刷橙色公交卡。当我要求拍张照片时，他带着孩子似的骄傲拿出来。"我依然有点无政府主义倾向。"他说。

▷1987年，巴黎

　　卡蒂埃－布列松带我参观布洛涅森林的巴加泰勒画廊（Bagatelle gallery），他的炭画正在那里展出。他觉得某张素描上的一条线应该再画长些。他用食指指着那个位置，随后当场叫人拆开画框，把它改过来。

亨利·卡蒂埃—布列松

卡蒂埃－布列松在乡间住所速写风景。"我现在专心绘画,工具也换了。"他说,"拍照是瞬间反应,绘画是冥想。"

一次在餐桌上谈到格言和妙语,卡蒂埃－布列松提出:"摄影师一半是扒手,一半是钢丝上的舞者。"这句话描绘了他的习惯:优雅地在公共场所穿行,最后神不知鬼不觉地带着一幅好照片扬长而去。但内心里,他是个猎手。"拍一张照片,"卡蒂埃－布列松说,"就像射一只兔子或一只鹧鸪。开枪前,你思考、凝视,瞄了又瞄。然后才开枪打中。当你拍一张好照片时,它会一下子蹦出来。但伟大的照片凤毛麟角。"

阿尔弗雷德 · 艾森施泰特

◁ **1992年，纽约，时代 - 生活冲印室**

"我死后，人们会记得我。他们不记得我的名字，但会知道那幅'二战'结束时水兵亲吻护士的照片的摄影师。"阿尔弗雷德·艾森施泰特说。

"你喜欢它吗？"他给我看那张负片时，我问他。

"作为一张伟大的照片？不，"他说，"我不喜欢。我站在那里。他们亲吻，我按了五次快门。它是一幅快照，一个事件。"

▲ **1981年，纽约旺托，琼斯海滩**

"实际上，我是个追求画意的摄影师。"1937 年，艾森施泰特对作家弗洛伦斯·S·米茨（Florence S. Meetze）说，"我说的'画意'，指的是一幅每个人看到后都会'啊啊啊啊啊'地惊叹的图片。"

周末待在纽约家中时，艾森施泰特也许会驾着他的 1960 年产别克，从位于皇后区的公寓一直开到长岛的琼斯海滩，到那里晒晒日光浴，沿着海岸散散步。"约翰，"他说，"你可以拍我这样站着的照片。"

◁ **1992年，纽约，时代－生活冲印室**

　　1932 年，图片周刊《柏林画报》(*Berliner Illustrierte Zeitung*）编辑库尔特·科尔夫（Kurt Korff）请艾森施泰特到瑞士圣莫里茨看看有钱人如何过冬。他让艾森施泰特拍摄充满动感的照片，"就像芒卡西的"。他还叫艾森施泰特用一架大画幅相机。科尔夫觉得大相机拍出的照片更好。

　　艾森施泰特从大酒店的室外餐厅借来一把餐椅，将他的 6×9 相机聚焦在椅子上。餐厅领班滑冰经过时，艾森施泰特拍了一张。"当然，我只拍了一张。那时候，什么都是沉甸甸的。我的口袋里装满了玻璃干板。哪怕多拍一张我都承受不了。"他向我解释说。

　　20 世纪 50 年代，那块玻璃干板在一次暗房事故中裂成两半。一直等到人们发现了更好的修补玻璃的方法，艾森施泰特才让人把它粘好。

▲ **1988年，纽约**

　　朋友们将十几块蛋糕带到曼哈顿时代－生活大厦八层会堂，庆祝艾森施泰特的 90 岁生日。全部蜡烛吹灭后，南希·史蒂夫斯（Nancy Steves）亲吻了艾森施泰特。史蒂夫斯当时是马撒葡萄园岛 Menemsha 酒店的老板。从 1937 年起，每年 8 月，艾森施泰特大部分时间都在那里度假。照片中史蒂夫斯的胳膊上方，摄影师约翰·布赖森（John Bryson）和玛莎·霍姆斯（Martha Holmes）在交谈。摄影师约翰·多米尼斯（John Dominis）站在霍姆斯左边。卡尔·迈登斯在艾森施泰特左边（双手上方）微笑。左边更远一点的后面，大胡子的布赖恩·兰克正与哈里·本森（背对镜头）和摄影师比尔·埃普里奇（Bill Eppridge）交谈。

曼·雷

▶ 1994年，巴黎

曼·雷曾说过，他的作品"旨在让人娱乐、困惑、烦恼，或激发思考，但不是用艺术作品通常追求的精湛技艺来打动人。世上能工巧匠太多，身体力行的梦想家太少"。

他发现，如果在暗房里打开灯，给显影中的胶片曝光，未曝光的银盐会变黑，但不会与已经完全显影的区域融合。这种情况下，负片上的一条白线（名为麦基线 [Mackie line]) 勾出银盐不融合区的外围轮廓（此处勾勒出女子的部分轮廓）。雷经常特意利用这一现象。技术上，这个现象叫作"萨巴蒂效应"（ Sabattier effect)，但通常被称为"负感作用"（ solarization)。

20 世纪 20 年代，贝伦尼斯·阿博特、比尔·布兰特和李·米勒（ Lee Miller) 是雷的助手。雷的最后一个助手吕西安·特雷亚尔（ Lucien Treillard) 后来成为曼·雷协会的书记，他在巴黎寓所将负片《负感作用》(Solarization, 1931) 放在一架小型便携幻灯机屏幕上。印照片时，雷只印出模特的头和胳膊。

麦图什卡

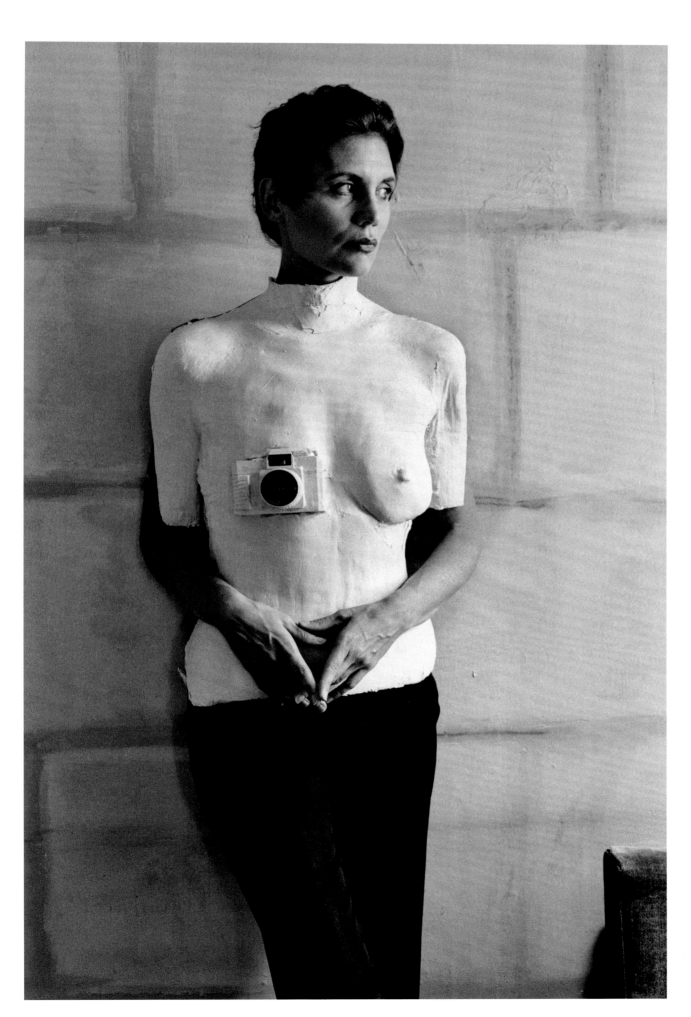

"我迷上了记录自己的身体。"谈到拍了多年的裸体自拍，麦图什卡说，"我希望别人看到真相。"最后，真相却是她必须割除乳房，她也成了支持乳腺癌研究的活动家。她带着胸前伤疤的自拍像登上《纽约时报杂志》（*The New York Times Magazine*）封面。在她的工作室里，她戴上一只自制的石膏模型，以此表达她的感觉，唤起公众对乳腺癌的认识。

纳特 · 费恩

▲ 1994年，纽约州塔潘村

　　1948 年 6 月 13 日，扬基体育场建成 25 周年庆祝仪式上，乐队奏着《友谊地久天长》，巴比·鲁斯（Babe Ruth）拄着一支借来的球棒。纳特·费恩给我看他拍摄的这张负片。"他球衣背后的'3 号'是我的兴趣所在。"费恩说，"那天，那件球衣在纽约扬基队退役，因此再也没有扬基队队员会穿那个号码了。"两个月后，鲁斯去世。费恩的那幅照片获得普利策奖。

威廉·韦格曼

　　威廉·韦格曼在缅因州兰奇利湖畔的家里养了一些魏玛伦纳猎狗。他的屋子一片凌乱，他在屋里不同地方拍摄不同服装造型的猎狗。这些狗坐在一只独木舟里，或者坐在一张餐桌旁吃野鸡，等等等等。一次休息期间，我把一张扶手椅推到一个空房间的角落。猎狗巴蒂娜（Battina）跳上一只凳子，主人一屁股坐在旁边的椅子上。"好镜头。我从没注意到。"韦格曼说。巴蒂娜后来就在那里搅奶油。

阿尔弗雷德·库马洛

▶ **1989年，约翰内斯堡**

1985 年，南非政府加紧了对媒体的控制，阿尔弗雷德·库马洛等摄影师开始不遗余力地记录发生在黑人居住区的事件。库马洛当时在约翰内斯堡的《星报》（*The Star*）工作。

"我妈妈就是这样扛东西的——非洲方式。"他说。"我把相机顶在头上，设好自拍器。我说起笑话，警察以为我是傻子。正合我意。十秒钟后，相机拍下了警察不许我拍的东西。"

布赖恩·兰克

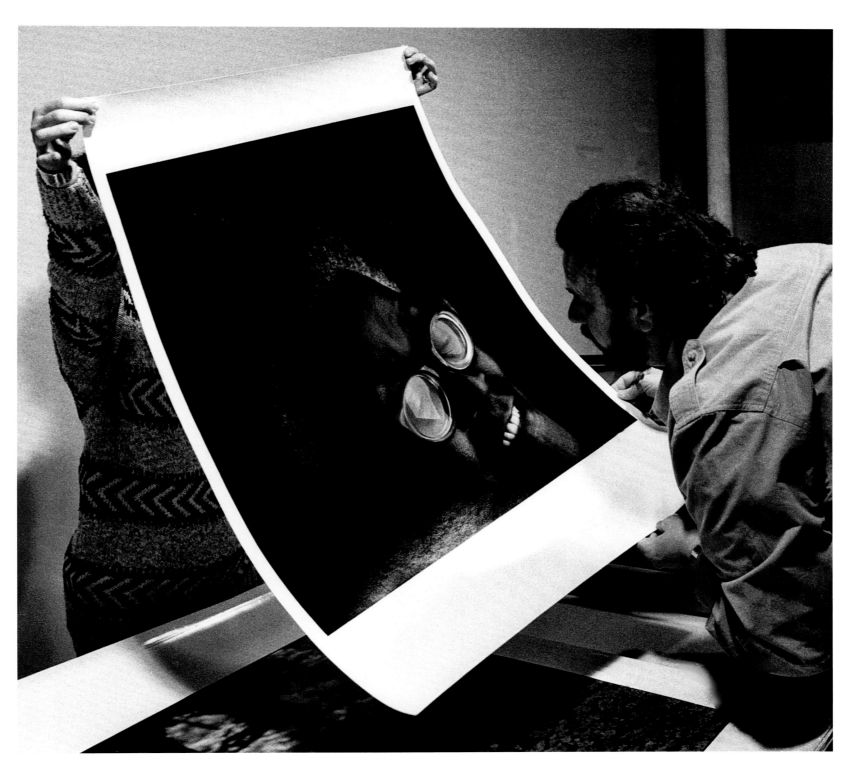

▲ 1989年，纽约

妻子琳达·兰克（Lynda Lanker）一直举着诗人格温多林·布鲁克斯（Gwendolyn Brooks）的肖像，丈夫布赖恩在察看。他要在华盛顿特区科克伦美术馆（Corcoran Gallery）展出这幅作品。

"我喜爱摄影和光。"兰克说。他用两年时间拍摄了75名非裔美国妇女，还与她们交谈。布鲁克斯说："许多黑人不喜欢黑。他们认为拿手指对着黑色一挥，让它消失不见，他们就会得到白人喜爱，得到承认……我不愿看到黑人民族逐渐被同化消失，我喜欢我们所有人都存在。"

刘易斯·W·海因

◁ **1993年，纽约州罗彻斯特市，乔治·伊斯曼博物馆**

宾夕法尼亚铁路公司委托刘易斯·W·海因拍摄一系列发电站。公司建设这些电站为它的新式电气机车提供电力。策展人大卫·伍特斯（David Wooters）给我看了三张几乎一模一样的《电站技师》（Powerhouse Mechanic，1920）负片中的一张。这是印得最少的一张，因为照片上的技师裤子前裆纽扣没扣。

报道现实社会问题和形势的《调查》（Survey）杂志登出了纽扣扣上的一个版本。它的说明文字表达了关于铁路建设的长远观点：

"一如驿站马车和马厩让位给火车头和扇形车库，后两者也在发电厂和电气火车面前逐渐消失。机械师、电工、工具制造者和工程师属于马夫、车夫和兽医一类的古老行业。为什么不呢？他们可是上万马力的驯服者。"

▲ **1993年，纽约州罗彻斯特市，乔治·伊斯曼博物馆**

1933年，海因将表现帝国大厦建设的照片寄给《调查》。该杂志刊登他的作品已有20年，但杂志社的新任美术总监认为他的照片过时了。针对女总监对抽象设计的偏爱，海因写信辩解道："我的信念是，经过长年累月的生活和工作而为人们所耳熟能详的设计，比光和影的几何图形更值得永久记录下来，那些几何图形常常只是摄影上的靡靡之音。"

杰伊·梅塞尔

▲ 1982年，纽约

　　杰伊·梅塞尔穿着黑衬衫黑裤子，
为我打开鲍厄里 190 号的临街大门。衬
着这幢灰黑色大楼的阴暗门道，他明亮
的脸孔浮现出来。我举起相机，但是他要
求道："别拍！"他不想让人知道他的工
作室开在一个当时还很肮脏的社区。(没
能拍到的照片会永远在我心里留下美丽的
形象。)

◄ 1982年，纽约

　　1966 年，梅塞尔在纽约下东区买下
建于 1898 年的前日尔曼尼亚银行大楼，
用它作工作室。他经常为了寻找理想视
角爬上楼顶水塔。为腾出双手，他系上
了窗户清洗工用的安全带。

◁ 1981年，缅因州阿伯特镇

我驱车载着贝伦尼斯·阿博特从她在缅因州蒙森镇的家到她在阿伯特镇的工作室。天很冷，但她没点炉子。她学着摄影家尤金·阿杰特（Eugène Atget）的样子坐在一只凳子上。1927年她为他拍照时，他就是这样坐着，也是穿着一件大衣。那一年，阿杰特去世，阿博特挽救了他的6000张关于巴黎的照片，使之免遭流失。

▲ 1981年，缅因州蒙森镇

阿博特说她只能接待我一两个小时。她觉得我关于19世纪出生的摄影大师的故事没什么大不了。我到达时，她裹得严严实实，坐在她靠木头取暖的小屋旁的一把摇椅上。小屋位于希伯伦湖畔，缅因州班戈市以北约一个半小时车程。她那年83岁，身体不是很好，还有客人要来吃午饭。我抓紧工作，把能想到的都做了。

两个小时的相处很愉快，但我和其他人——布拉塞、艾森施泰特、柯特兹、拉蒂格、范·德·泽——一起待的时间更长。我跟他们不是见两回面，就是在一起盘桓够长时间，足够一些事情自然而然地发生。他们每人在杂志上占了两页，阿博特只占了一页。"他们总是给男孩更多版面。"她说。

▶ **1989年，约翰内斯堡**

　　大卫·戈德布拉特在家里。他也许是南非最著名的纪实摄影师。戈德布拉特生于 1930 年，长大后在约翰内斯堡东南经营他家的男装店。1962 年，父亲去世。第二年，他卖掉商店，成为全职摄影师。这次转变带给他的兴奋，他说，可比作"放开一个没扎口的气球"。

◁ **1992年，华盛顿特区，国会图书馆**

　　有时候，沃克·埃文斯会剪开负片，按他的意图裁剪照片；有时候，他剪开负片的目的只是将一张8英寸×10英寸（20.3厘米×25.4厘米）负片的一部分装进他的5英寸×7英寸（12.7厘米×17.8厘米）放大机。不管出于什么原因，他剪开了两张拍摄一个照相馆展示橱窗的8英寸×10英寸负片。策展人简·格伦奇（Jan Grenci）给我看了第三张（保存在国会图书馆，因为这是埃文斯为美国农业安全局拍摄的）。埃文斯确信这张1936年的照片摄于佐治亚州萨凡纳市，而政府确定他是在亚拉巴马州伯明翰市拍摄的。

▲ **1992年，华盛顿特区，国会图书馆**

　　1936年夏，埃文斯从农业安全局借调出来，接受《财富》（*Fortune*）杂志派遣，为朋友詹姆斯·阿吉（James Agee）一篇关于亚拉巴马州棉农佃户的文章拍摄配图。这是他拍摄的巴德·菲尔茨（Bud Fields）一家。他的负片保留了阿吉描写的"方形松木屋"的那种现场感。然而，到阿吉的文章完稿时，新的编辑决定不用那个故事。1941年，阿吉和埃文斯将它作为一本书出版。《让我们赞美名人吧》（*Let us now Praise Famous Men*）只卖出600本，但随着时间流逝，该书名声日著。1960年，此书再版，至今依然在售。在后来的一个版本上，埃文斯认可（也许撰写）了这样的书封文案："即使商业立场和艺术取向支配了大部分专业摄影，埃文斯依然远离这一切。甚至可以说，他的作品推动摄影回归了朴实、犀利的快照风格。"

1926 年，从布达佩斯来到巴黎一年后，32 岁的安德烈·柯特兹与几个匈牙利朋友在雕塑家伊什特万·伯蒂（István Beöthoy）的工作室打闹嬉戏。柯特兹抓拍到舞女玛格达·弗斯特纳（Magda Förstner）模仿主人的雕像的镜头。他的负片现保存在巴黎的摄影遗产保护组织，远离那些寻欢作乐的匈牙利青年。策展人诺埃尔·布尔西耶（Noel Bourcier）拿负片前戴上了手套。那是策展人的做法。据我的经验，只有在策展人看着时，摄影师才会那样做。

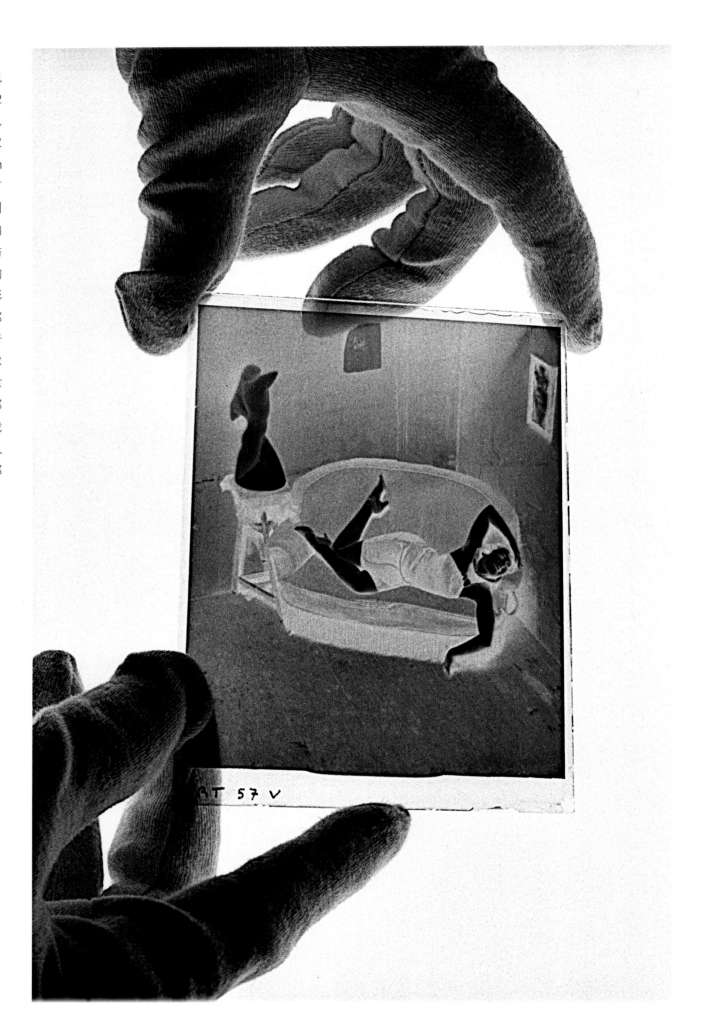

安德烈·柯特兹

柯特兹靠拍照吃饭，但不认为自己是职业摄影师。一旦发现感兴趣的对象，他觉得可以让镜头把它如实记录下来。"记者和业余摄影师都只有一个目的：留下一个记忆或（做出）一份记录，那是纯粹的摄影。"他说。

◄ 1981年，纽约

　　柯特兹公寓的书架上摆着几幅表现生活中温情瞬间的照片，还有一些表现了他自己的温情时刻。

▲ 1981年，纽约

　　1933年，法国低俗幽默杂志《微笑》（Le Sourire）委托柯特兹拍摄巴黎一对哈哈镜里的两个模特。柯特兹拍了近 200 张照片，这是其中的 172 号。纽约现代艺术博物馆选取其中两张用于 1937 年的一次展览。柯特兹起初很高兴，但随后发现，公开展示阴毛违反了当时的纽约法律。策展人只得请柯特兹裁剪其中一幅照片，柯特兹照做了。44 年后，柯特兹对那次事件依然耿耿于怀。他拿出一本书，向我说明博物馆让他做了什么。如果他的手放得恰当，我就看不到他裁掉的部分；如果他完全不用手挡住，我就只是看到一本打开放在桌上的书。他知道该怎么做，只让它露出一点点。

◁ 1981年，纽约

我们会面那天上午下雨，俯视曼哈顿华盛顿广场的柯特兹公寓内光线昏暗，因此我请他移步阳台，我待在屋里。我们两人中只有一人需要伞。

▲ 1981年，纽约

1928年，一列火车通过巴黎市郊默东的高架铁路，柯特兹拍下这张照片。50多年后，他在纽约第57大街伊戈尔·巴赫特（Igor Bakht）的冲印店查看一张新印出的照片。巴赫特是俄国人，在伊朗德黑兰长大，父亲是伊朗国王的御用摄影师。

1939年起，柯特兹自己难以在暗房的昏暗灯光下保持平衡，只得依赖各种各样的冲印师帮他洗照片，直到1966年遇到巴赫特。从那以后，他的照片全部交给巴赫特冲洗。柯特兹说，在暗房里，"巴赫特完全知道我要做什么。"

马丁 · 芒卡西

▲ 1994年，纽约

评论家克劳斯·洪内夫（Klaus Honnef）评论说，马丁·芒卡西常常会选择较高的视点，将一群活动的人物纳入一张凝固瞬间的照片。在西班牙塞维利亚一家餐厅拍摄这张照片时，芒卡西就是这样做的。几个月后，这张照片现身 1930 年 7 月 6 日的《柏林画报》。

芒卡西使用了一架大画幅相机，因为他经常裁剪照片。例如，《柏林画报》只用了以服务生及其附近两名舞者为焦点的照片中央部分。琼·芒卡西（Joan Munkácsi）让她的冲印师特雷萨·M·恩格尔（Teresa M. Engle）给我看她父亲的负片。

德米特里·凯塞尔

▲ **1984年，巴黎**

　　第一次世界大战前的德米特里·凯塞尔还是个少年，表哥阿尔卡季（Arkady）骑着一辆崭新锃亮的摩托车来到他生活的乌克兰村庄，讲述自己在俄国各地旅行的故事。凯塞尔很崇拜他。凯塞尔后来成为《生活》收入最高的摄影师之一。"开始签约受雇时，我还不知道，为《生活》工作会实现我最不切实际的梦想——旅行、刺激、冒险——花的全是别人的钱。"

　　1993年，距我在凯塞尔的巴黎公寓给他拍照已经过了九年，他告诉我："我又老又笨了，真希望能年轻50岁。"

　　"你今年91岁。如果这时年轻50岁，你会说什么？"我问。

　　"我会说：'我希望年轻20岁，而且还有《生活》杂志。'"

卡尔·迈登斯

► 1985年，
纽约州拉奇蒙特村

波士顿出生的卡尔·迈登斯正在准备一次展览。他的照片将在德克萨斯州沃思堡的阿蒙·卡特美术馆（Amon Carter Museum）展出。在他的《大饱眼福》（*More Than Meets the Eye*，Harper & Brothers，1959）一书中，迈登斯讲述了1937年，记者霍兰·迈库姆斯（Holland McCombs）第一次带他游历德克萨斯的情景。使用新式微型相机的迈登斯属于一个全新的摄影记者类别，他觉得麦库姆斯很享受把他介绍给德克萨斯同胞的快乐。"记得有一次，我们在拍摄一个饱经风霜的老游骑兵，我觉得他就像一个刚从印第安战争中走出来的人。当我拿着相机转来转去时，我听到他轻声说：'他不是个大人物吗？'霍兰轻声回答他：'中看不中用。'"

▲ **1985年，纽约**

21 名全职摄影师为《生活》报道第二次世界大战，卡尔·迈登斯、德米特里·凯塞尔和约翰·菲利普斯（从左至右）是其中三位。1985 年，三人都准备出版一本关于他们在战争与和平时期拍摄的照片的书。三人都是我的朋友。一天，我请这三位同事吃午饭。我相信，到吃完饭时，我也许会有一幅可以出版的照片，还能得到他们计划中的图书摘录。凯塞尔在亲热地拍打迈登斯的头，我觉得这个镜头不错，但迈登斯不以为然。他想毁掉这张照片。菲利普斯要了一张，装上相框，放在他客厅的桌子上。

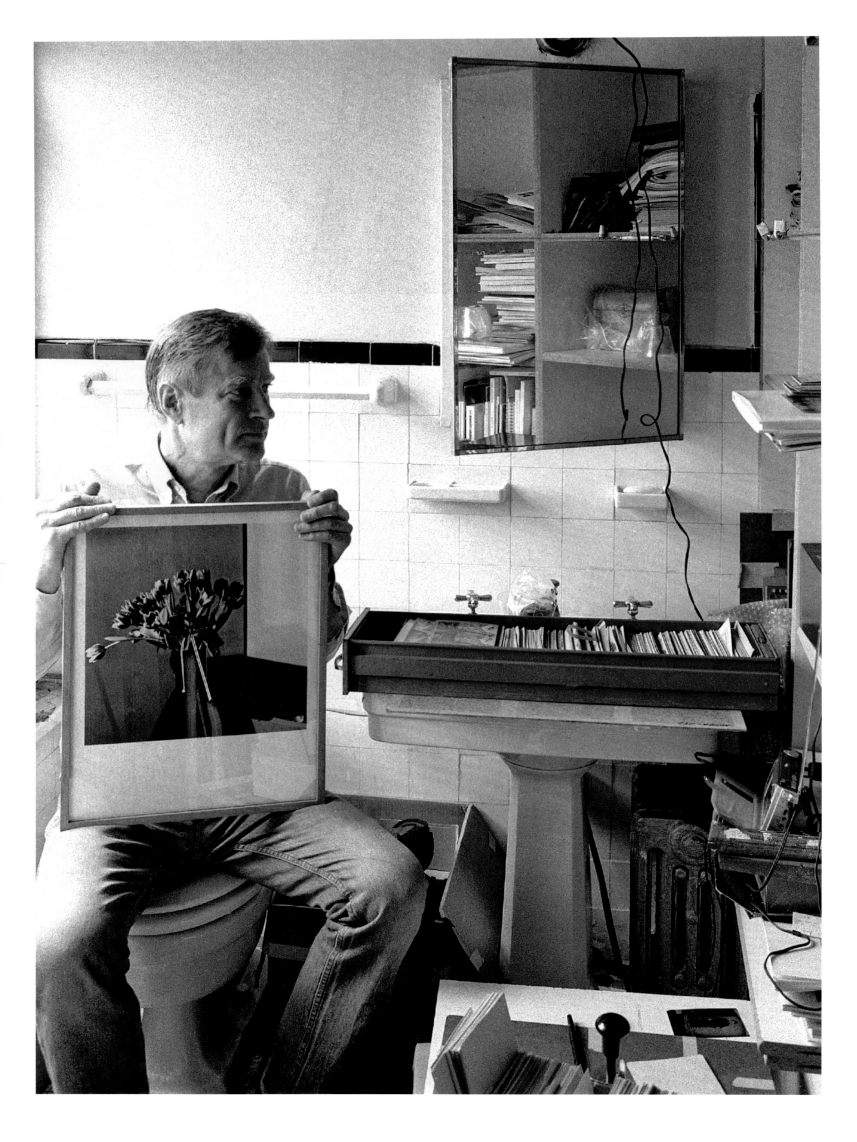

山姆 · 瓦格斯塔夫

1973 年，曾任底特律艺术馆（Detroit Institute of Arts）当代艺术策展人的山姆·瓦格斯塔夫开始自购照片时，还只有很少人认为它们有价值。1984 年，他刚刚将收藏卖给洛杉矶的保罗·盖蒂博物馆（J. Paul Getty Museum），据说售价为 500 万美元。他正在准备将这些照片运往加利福尼亚。

瓦格斯塔夫住在纽约第五大道 1 号的一间顶层公寓。照片上，他坐在下层一间小公寓的浴室里，他的收藏品就存放在那里。他手中相框里的照片是他的旧情人罗伯特·梅普尔索普（Robert Mapplethorpe）拍摄的。

吕西安 · 艾格纳

"我一直努力捕捉拍摄对象中蕴含的人性。"匈牙利摄影师吕西安·艾格纳说。1935 年，意大利法西斯独裁者贝尼托·墨索里尼召集了一次欧洲峰会后，艾格纳在意大利斯特雷萨一座火车站拍到他正要打喷嚏的画面。1940 年，《新闻周刊》将这张照片登在封面上，但在 1937 年，英国的《小人国》（Lilliput）杂志（它专门将不相干话题的照片排在一起）将墨索里尼与一个脱衣舞女对页排放。斯特凡·洛兰特（艾格纳的老朋友，《小人国》创办人）在马萨诸塞州西部的家中打开该月刊的一个合订本，翻到那两页。

优素福·卡什

▶ **1984年，渥太华**

1941 年 12 月，英国首相温斯顿·丘吉尔在渥太华加拿大议会发表演讲后，优素福·卡什拍摄了这张照片。卡什给我看了这张现保存在加拿大国家档案馆的负片。负片上，这位首相头部上方和左边共有三块蜘蛛腿似的细小痕迹。洗照片时，卡什简单地把它们裁掉，但要是再低一点再靠右一点，它们也许会毁了一幅在"二战"时成为标志的照片。我问卡什这些痕迹是如何产生的。"伟人上方的那些神秘文字？我真的不知道。"他说。

玛格丽特·伯克－怀特

▲ 1992年，纽约，时代－生活冲印室

　　1945 年 4 月，玛格丽特·伯克－怀特用了 11 卷 120 胶卷和 1 盒 2¼ 英寸×3¼ 英寸（5.7 厘米×8.26 厘米）盒装胶片拍摄被解放的布痕瓦尔德纳粹集中营。盒装胶片的最后一张是犯人们挤在集中营医院外一道铁丝网后的照片，也是她为这个场景拍摄的唯一一幅照片。

　　"刚刚见到的景象实在令人难以置信，要不是见到照片，我觉得我自己都不会相信。"她写道。

　　伯克－怀特第一次见到洗出的照片时，她哭了。

温·布洛克

▲ 1992年，图森市，亚利桑那大学

"如果一张照片不能激发某种积极或消极的情感，这张照片是失败的。"温·布洛克说。

1955年，纽约现代艺术博物馆"地球一家"（*The Family of Man*）展览上展出了布洛克在1951年为女儿拍的一张照片。这之后，他妻子埃德娜（Edna）告诉摄影师唐娜·康拉德（Donna Conrad）："人们写信或者打电话来问：'你拍那个孩子的时候是怎么想的？是不是假设那个孩子是死的？她是一尊掉落尘世的雕像吗？她是被猥亵后留在了那里吗？'

"韦恩只能说，这片森林是一块处女地，为什么那里不能有一个纯洁的儿童呢。他不敢相信人们会想到那些。"

亚历山大·加德纳

▼ 1992年，华盛顿特区，国家肖像画廊

1863 年 8 月 10 日，亚历山大·加德纳在华盛顿特区第七和 D 大街会合处的照相馆正式开业。此前一天，亚伯拉罕·林肯来拍照片。林肯将这些照片用于 1864 年的连任竞选活动。

1870 年，加德纳将那张 20 英寸 × 17 英寸（50.8 厘米 × 43.2 厘米）湿版负片卖给前助手摩西·P·赖斯（Moses P. Rice）。湿版有商业价值，摄影师用湿版冲印名人照片，直接卖给公

众。直到 19 世纪 90 年代网版复制法才被完善并用于印刷出版。

1983 年，赖斯的孙女将负片卖给国家肖像画廊。画廊的摄影策展人安·舒马德（Ann Shumard）将它放在一台看片灯箱上，感光乳剂面向上，以免损坏图像。从这面看过去，图像是反的。

▶ **1987年，东京**

　　三木淳是日本相机爱好者组织尼克尔俱乐部（Nikkor Club）的主席。图为 1987 年，他带队去东京一家游乐园外拍。1950 年，摄影记者三木淳用一枚日本产镜头拍摄了美国同行大卫·道格拉斯·邓肯（David Douglas Duncan）。那张照片的质量给邓肯留下深刻印象，他抛开（一直以来被视为世界上最优秀的）德国镜头，四处宣扬日本镜头的优点。一个月后，朝鲜战争爆发。三木淳和邓肯都报道了这场战争。邓肯因为战场照片出了名。同年 12 月，《纽约时报》惊讶地报道，那位美国摄影师在用日本镜头报道战争。就这样，美国人首次了解了战后日本优秀的工艺技术。这件事完全扭转了日本的战前形象，比日本汽车攻城略地还早了二三十年。

姚齐荣（音）

▶ **1989年，贵阳**

1839年，路易·达盖尔（Louis Daguerre）公布照相法1年1个月3天后，英国维多利亚女王与阿尔伯特亲王结婚时穿了一套白色绸缎连衣裙。女王的婚纱风靡一时，继而成为流行款式，最后变成一项婚礼传统，新娘婚纱照成为那个传统的一部分。英王夫妇缔结姻缘149年2个月4天后，姚齐荣让妻子做模特，穿上一套仿维多利亚女王式样的婚纱。这是他们放在照相馆给来拍照的新婚夫妇穿的。在香港西北方向900多公里的贵阳市一条风沙弥漫的大街上，一幢低矮大楼的二层就是他们的照相馆。那天是1989年4月14日。

比尔·布兰特

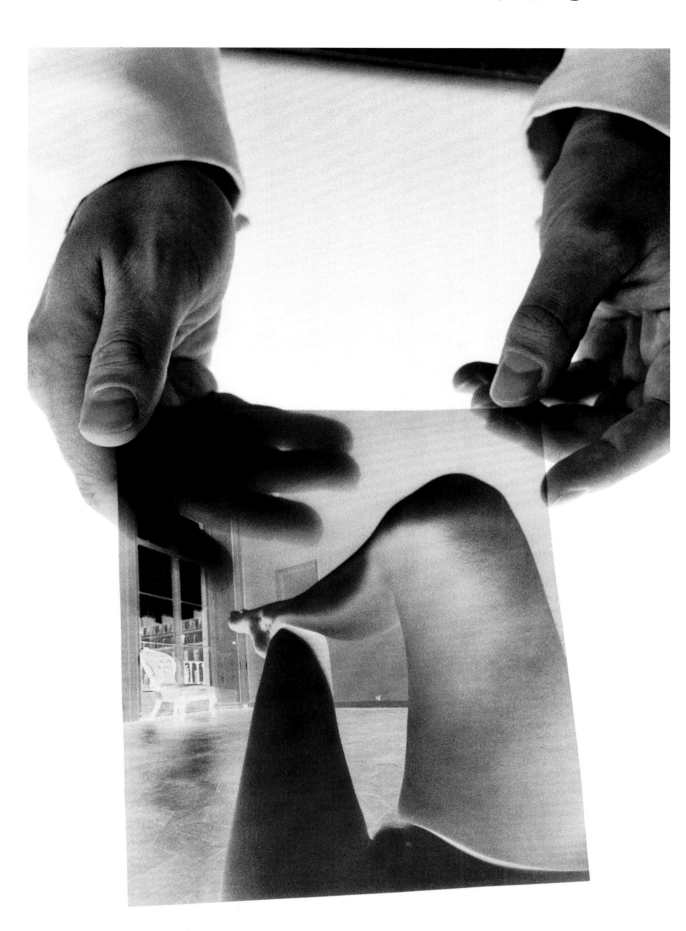

约翰－保罗·克尔诺特（John-Paul Kernot，比尔·布兰特的继孙）拿着布兰特的《上流生活》（Belgravia，伦敦，1951年）负片。这是用一架柯达广角相机拍摄的，警察也喜欢用这种相机记录犯罪现场。它的视角宽达110度，布兰特说希望它带来一个出人意料的视角，也许就像"一只老鼠、一条鱼或一只苍蝇"看到的那样。

20世纪50年代，布兰特一直用这架专门相机拍摄人体。他会用一台普通相机拍摄艺术家、演员和作家的严肃艺术肖像，或捕捉能让人联想到他喜爱的英国作家的浪漫风景。不过，布兰特也对英国广播公司承认："人体一直是我的最爱。"带着英国式的自我贬低，他补充说："这些照片不是很成功——尤其在美国，《人体视角》（Perspective of Nudes，Amphoto，1961）一书一败涂地，根本卖不出去。"

◁ **1981年，巴黎**

对一位戴上柳编面具扮弥诺陶洛斯（Minotaur，古希腊神话中半人半牛的怪物。——译注）的绅士，我还能说什么？无语。但在布拉塞的工作室，这只面具帮助这位 82 岁的老人融入他创作的艺术作品中。他的姿势似乎是在模仿身边照片上的妇女，不过他说："她是我的《蒙娜丽莎》。"

《宝石小姐》（La Môme Bijou，约 1932）的另一个版本是一个年长妇人在巴黎月亮酒吧对着一杯红酒的照片。布拉塞将这张照片用在《夜巴黎》（Paris de Nuit，Arts et Metiers Graphiques，1933）一书中。他在这本书里展示了巴黎的夜生活。出版人不肯交还任何一张所用照片的负片（他后来声称 60 张负片全部遗失了）。1984 年，布拉塞以 85 岁高龄去世前一周，人们从继任出版人的阁楼上发现了这些负片。"我觉得，这一发现的打击和震惊加速了他的死亡。"他的遗孀说。

▲ **1981年，巴黎**

我用手指拧动镜头，焦点对准布拉塞脸部，他绕着眼睛转动手指，模仿我的动作。这是他做的一件忸怩而有趣的事情，似乎在说："为什么你要瞪着我？值得吗？噢，天哪！你太近了！"这张照片记录了一次小事件，但那张脸却成了一道风景：双眼是湖，鼻子是山。后来布拉塞问我，如果有人要他的肖像，能否把它送给他们。

1939 年，布拉塞把他的一些画作拿给朋友帕布罗·毕加索（Pablo Picasso）看。"你拥有一座金矿，"大画家惊叹说，"却在开采盐矿！"

布拉塞却另有说辞："我没有低估我的绘画的价值，但与毕加索的想法相反，我的'金矿'是摄影。再来一次，我还会走这条路。"

吉尔贝特·布拉塞（Gilberte Brassaï，布拉塞遗孀）向我展示他拍摄的蒙马特尔高地一段阶梯的负片——《蒙马特尔的阶梯》（Les Escaliers de Montmartre，约 1936）。

▷1981年，巴黎

布拉塞说他拍摄了各种碰巧引起他注意的东西。这类东西还真不少。在他位于蒙帕尔纳斯的狭小公寓里，图画、书籍和小塑像排满了墙壁。我问他有没有一个不那么凌乱的地方让我拍照，他建议去他的工作室。在我们等待那架难以对付的电梯时，《生活》的欧洲通讯记者朱迪·法亚尔（Judy Fayard）走下楼梯来查看我们为何耽搁，一边走一边还开着玩笑。

伊莫金·坎宁安

▼ 1993年，加利福尼亚州奥克兰市

伊莫金·坎宁安住在加利福尼亚州奥克兰市。她的职业是肖像摄影师，但在三个儿子年幼时，她主要拍摄后院种植的花朵、仙人掌和肉质植物。许多属于那一时期的照片是收藏家眼里的抢手货。

"《木兰花》(Magnolia Blossom，1925)是个杰作，但她拍摄了100幅木兰花照片——货真价实的100张木兰花负片，都被她扔掉了。还是孩子时，我们经常会把她舍弃的负片投进壁炉——硝酸盐会在壁炉里炸开——成百上千张。天啊，真希望我们没有那样做。"兰道尔·帕特里奇(Rondal Partridge)拿着妈妈留下的一张负片告诉我。他是坎宁安的儿子，本人也是一位著名摄影师。

"有很长一段时间，我不认为妈妈是个优秀摄影家，只是个普通摄影师。她拍摄肖像和儿童照片。她假定她的工作是每天拍照，但她是为纯粹的快乐而拍摄。她认为，工作只是她的职业，而拍照是为了让人们看见，让他们快乐。"

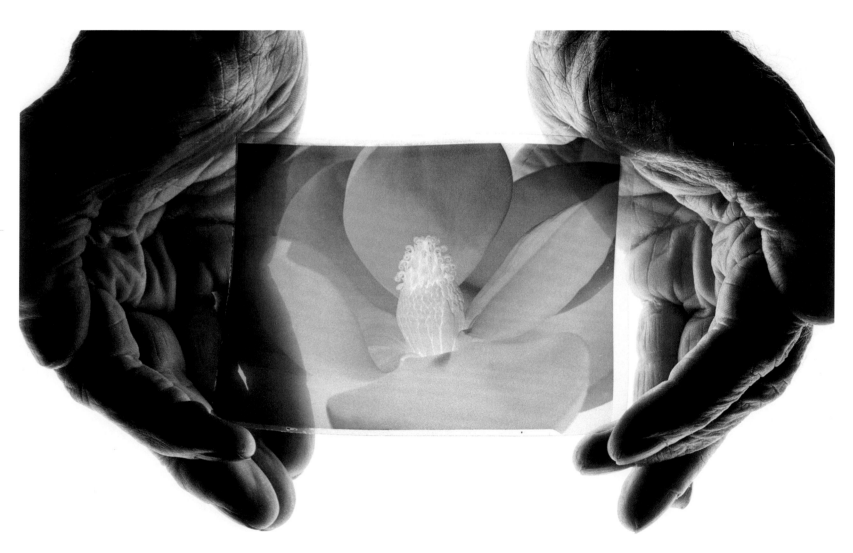

路易丝·达尔 - 沃尔夫

▷ 1993年，图森市，亚利桑那大学

"我的工作室在57大街谢尔曼大楼，我非常喜欢它。那是一幢建于1860年老旧的红砖大楼，我们在里面重装了一间日式卫生间，就像出现在现代艺术博物馆1954年的一次展览上的那间一样。"路易丝·达尔 - 沃尔夫写道。照片上，模特贝蒂·思莱特(Betty Threat)在演示如何使用它。

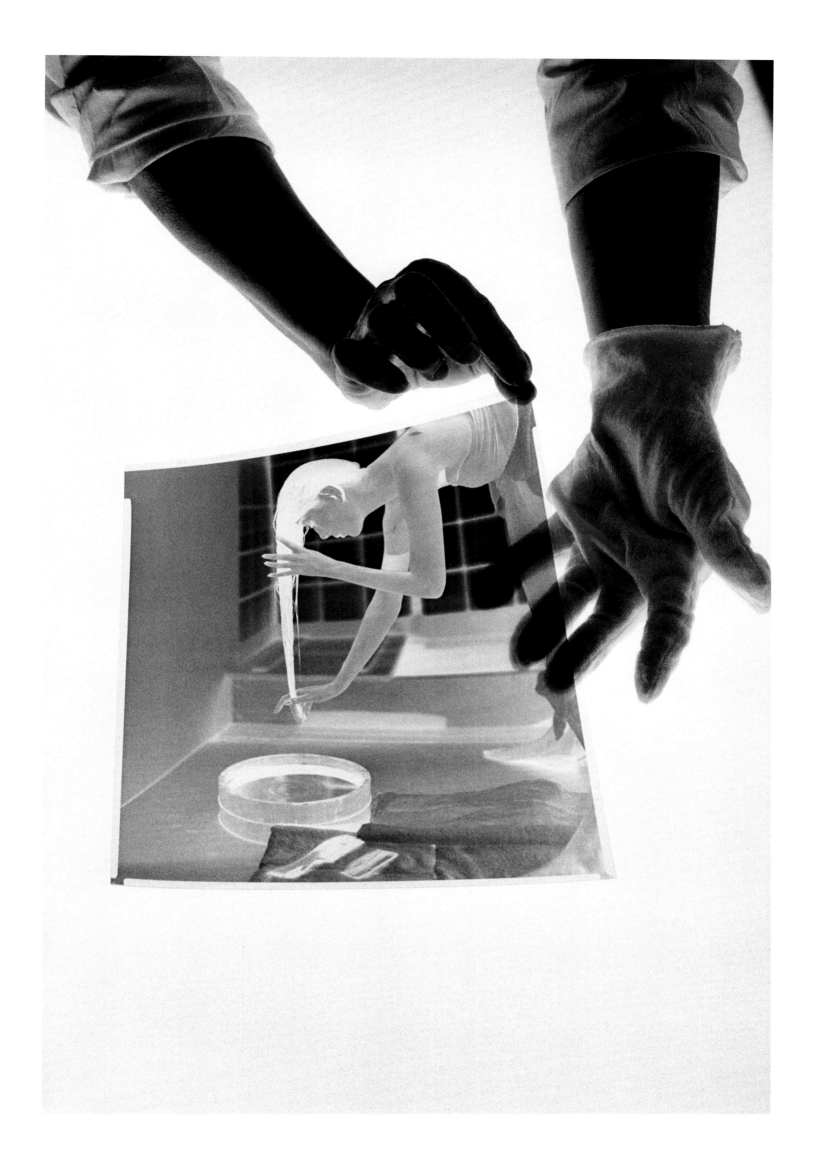

路易丝·达尔－沃尔夫

查尔斯·希勒

我拍了查尔斯·希勒的照片，因为他是一位活跃了 40 多年的著名画家。自四年前（他 76 岁）中风后，他再也没有拿起画笔。我很清楚，希勒还拍得一手好照片（通常是拍他准备描绘的对象），但那时是 1963 年，离照片能够作为艺术品出售还有好多年。他住在纽约以北约 40 公里的欧文顿市。这天我们俩静静地坐在他家屋外，直到一个女人的声音喊他吃饭。

斯特凡·洛兰特

▲ 1982年，马萨诸塞州莱诺克斯镇

斯特凡·洛兰特的父亲管理着布达佩斯一家大照相馆。在那里工作一段时间后，洛兰特来到捷克斯洛伐克，在电影院拉小提琴为默片伴奏。后来他又在维也纳和柏林导演、编写了 15 部电影。27 岁时，他成为图片周刊《慕尼黑新闻画报》（Münchner Illustrierte Presse）的编辑。他喜爱刊登用新型精密相机不着痕迹地在室内自然光下拍出的生动自然的照片。1933 年，他被纳粹监禁了六个月。获释后，他来到英格兰，在那里编辑三份英文插图杂志，其中两份（《小人国》和《图画邮报》[Picture Post]）是他创办的。1940 年，他移民美国。在美国，他把注意力转向出版插图历史书。图为 81 岁的洛兰特在马萨诸塞州莱诺克斯的家中，坐在客厅一头的楼梯上读书。

哈罗德 · E · 埃杰顿

▼ 1993年，马萨诸塞州利特尔顿镇

摄影术发明后不久，科学家借助电火花发出的光拍照。（1851 年，亨利·福克斯·塔尔博特申请了此种做法的一项方法专利。）20 世纪 30 年代初，麻省理工学院的哈罗德·E·埃杰顿教授开始通过一只氙气管高压放电，制造出足以在 1/1000000 秒时间内给胶片曝光的明亮火花。埃杰顿有时用他的闪光灯拍摄专业运动员。每次持续 1/100000 秒，每 1/100 秒闪光一次的 40 多次闪光照出了高尔夫球手登斯莫尔·舒特

（Densmore Shute）的挥杆动作。哈罗德·E·埃杰顿遗产的照片编辑，麻省理工研究生古斯·卡亚法斯（Gus Kayafas）给我看了那张照片。1936 年，舒特为了改善竞技状态，查看了这张胶片。埃杰顿研究它是想了解高尔夫球杆击球后的弯曲程度。"一个好的试验，"埃杰顿说，"就是一个能揭示前所未知事物的试验。"

菲利普 · 哈尔斯曼

▷ 1992年，纽约

1948 年，菲利普·哈尔斯曼与相交七年的老朋友、超现实主义画家萨尔瓦多·达利（Salvador Dalí）合作拍摄《原子的达利》（Dalí Atomicus）。他们将达利的一幅画挂在哈尔斯曼的工作室右首，再将一只画架和一张空白画布挂在中央。伊冯娜·哈尔斯曼（Yvonne Halsman）在左边举着一把椅子。两名助手将三只猫扔向空中，第三名助手用一只桶泼水。达利高

高跃起。哈尔斯曼按下快门，然后冲洗胶片。他们如此操作了 28 次，哈尔斯曼才对他看到的负片感到满意。他印了一张照片，达利在照片中央的空白画布上绘上一个裸女，让她仰卧在空中飞来的猫下方。哈尔斯曼拍摄了这张照片，从那张负片洗出的照片以《原子的达利》为名刊出，受到广泛好评。哈尔斯曼遗孀伊冯娜给我看的 28 号原始负片后来从未被使用过。

琼恩 · 米利

1937 年，一个叫琼恩·米利的西屋照明公司工程师与哈罗德·E·埃杰顿教授一起登上了麻省理工的讲台。埃杰顿描述了自己的实验：将高压电流通过稀有气体，制造出持续 1/100000 秒或更短的明亮闪光。

"我第一次意识到，我们可以真正让时间停止。"谈到埃杰顿的频闪灯时，米利说，"我脱口而出：'给我十倍亮的光，我就从西屋辞职！'"

埃杰顿做到了。米利做到了。

"米利在技术上非常出色。"摄影师兼编辑大卫·E·谢尔曼（David E. Scherman）说，"他在艺术和情感方面也很优秀。他从拍摄频闪照片开始了他的事业……人人都说：'米利的技术不过如此了。他是个彻头彻尾的科学家和伟大的技术员。'他却骗过了我们所有人，成为一个非凡的艺术家——以及一个与摄影没丝毫关系的了不起的人。"

1966 年，我在一场可怕的火灾之后结识了米利。米利的工作室位于曼哈顿第 23 大街，从工作室后面一幢大楼烧起的大火杀死了 12 名消防员，烧毁了工作室和米利的照明设备，但照片还在。事后他搬到洛克菲勒中心一间离我不远的办公室。20 世纪 70 年代，我们经常在第八大道的希腊餐厅 Molfetas 一边吃饭，一边谈摄影。

1979 年，米利在回家路上穿过第五大道时，被一辆出租车撞倒。那次事故后，他的大脑不断退化。四年后，一位每天与米利一起工作的人建议，如果我想拍他，最好现在就去。于是我去了。

如果他脑子还好，他会质疑我的设想，即我可以拍到一张好照片（对此他不以为然），或他本人是一张照片的好题材。毕加索？对。毕加索值得一拍。索菲亚·罗兰（Sophia Loren）？当然。特怀拉·萨普（Twyla Tharp）？乔治·巴兰钦（George Balanchine）的舞蹈？是的，是的。他可以让我看，他拍过他们。

很慢很慢地，他抬起胳膊肘，支在看片台上。这是我最后一次见到米利先生。

多丽丝 · C · 奥尼尔

▲ **1984年，康涅狄格州丹伯里市**

　　多丽丝·C·奥尼尔天生注定负责管理拥有超过 1800 万张照片的《生活》照片收藏。

　　"我的二年级老师是一位不可思议的克拉克小姐，她会给我们看与当时季节相称的事物的照片。班上有人问她，为什么总是能够拿出应景的照片。她说：'我收集喜欢的照片，把它们按顺序收好。这样，需要的时候，我就能找到它们。'那句简单的话对我产生了极为深远的影响，我甚至能记起我那时穿的衣服，那是一件黑黄格子连衣裙。"

W · 尤金 · 史密斯

◀**1978年，图森市，亚利桑那大学**

　　虽有高超的暗房技术，W·尤金·史密斯说他花了五天五夜，才为他1954年的一篇文章洗出一张满意的题图照片。那篇文章说的是艾伯特·史怀哲博士（Dr. Albert Schweitzer，一位在加蓬兰巴雷内镇［Lambarene］行医的传教士，1952年获诺贝尔和平奖）的故事。史密斯说："一块雾晕完全蒙住了照片下部……我疯狂地拼命印……所有关于我花一周时间印出一张照片的传说都是基于这次经历。"

　　1978年，史密斯去世后，我来到保存史密斯档案的亚利桑那大学创意摄影中心。我请求看看史密斯拍摄的任何一张经典照片的负片。我想以某种方式把它用于他的讣告。我们碰到的第一张是史密斯描绘的那张史怀哲的负片（38号负片）。没有雾晕。同样，负片底部也没有手和锯子的剪影，它们只出现在他1954年印出的照片底部。

　　史密斯为了平衡照片构图，加进了来自其他负片的元素。在我看来，它们没有改变图片的内容。作为摄影师，我对那样的需要深有同感。但如果知道照片是合成的，满脑子新闻思维的编辑就不会出版它。也许，这就是史密斯没有准确描述他为什么在暗房待了那么久的原因。

康奈尔·卡帕

▲ 1993年，纽约

安德烈和科内尔·弗里德曼（Endre and Kornél Friedmann）是布达佩斯的一个裁缝的儿子，兄弟俩先后于 1913 年和 1918 年出生。1936 年，两人都在巴黎。安德烈是崭露头角的战争摄影师，他发现，如果自称罗伯特·卡帕，他关于西班牙内战的照片更容易卖出去。那个假名听上去像美国人的。"二战"爆发前，兄弟俩都搬到美国。科内尔在美国军队服役，成为美国公民，在此过程中将名字改成康奈尔·卡帕。

"我最初的想法是当医生，给人治病。"他说，"但在我的摄影活动中，我成了关注人类疾苦的专家。"

"看到一个农民在地里工作———一件对他而言很艰难的工作———我就拍一张农民与土地的照片。但我不会拍只有土地，没有农民（的照片）。"

1954 年，罗伯特·卡帕在印度支那遭遇不测。20 年后，部分出于更好地纪念哥哥的目的，康奈尔在纽约建立了国际摄影中心。"我是最严格的美国意义上的小弟弟。"

在国际摄影中心，康奈尔坐在办公桌旁，鲁思·奥尔金（Ruth Orkin）给罗伯特拍的照片（于 1951 年，巴黎）挂在他身后。

罗伯特·卡帕

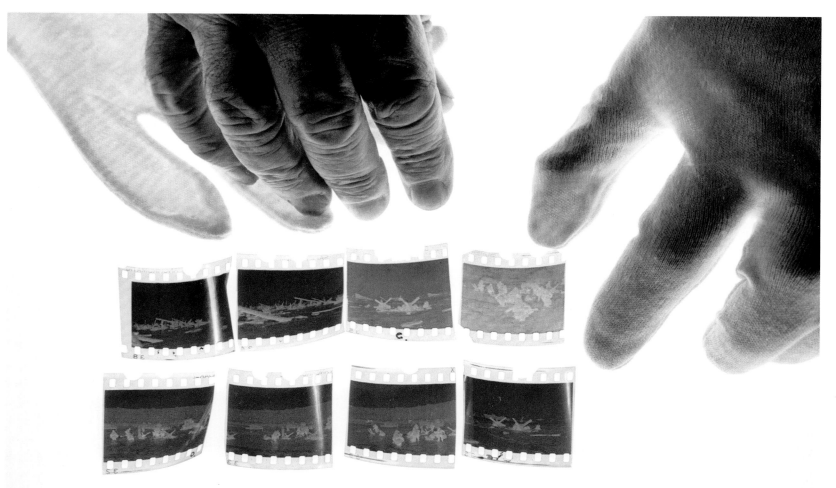

▲ 1993年，纽约

罗伯特·卡帕知道"你拍不了战争，因为它在很大程度上是一种情感。但通过近距离拍摄，他确实拍到了那份情感"。作家约翰·斯坦贝克（John Steinbeck）写道。

1944 年，诺曼底进攻日，在奥马哈海滩上的猛烈炮火下拍摄一个多小时后，卡帕停下来换胶卷。"没装胶卷的相机在我手中颤抖。"他写道，"让我扭曲着脸浑身颤抖的是一阵新的恐惧。周围的人一动不动地躺着，只有水线上的尸体随波起伏。

一艘步兵登陆艇冒着炮火前进，卫生员……涌出登陆艇……我从两具尸体间跨进海里……突然之间，我认识到自己在逃跑。我想转过身来，却不敢面对海滩。"

罗伯特拍的三卷胶卷里，有十一张适合出版。弟弟康奈尔给我看了其中八张。剪下来送审查员批准的另外三张（包括发表最多的那张的原始负片）自 1944 年起就遗失了。

马克·列德金

100

101

马克·列德金

◁ 1984年，莫斯科

1945 年，马克·列德金曾召集苏联战地摄影师同行在烧毁的柏林帝国大厦前合影。欧洲胜利日 40 周年前夕，莫斯科行星（Planeta）出版社请列德金召集在世的苏联战地摄影师拍一张团圆照。

此事过后，我到列德金家拜访。他穿上制服，端出食物和伏特加。他已经升到中校军衔，胸前挂两块军功章。我们谈到动情的地方，他的妻子柳德米拉（Lyudmilla）过来给她的中校一个深情的拥抱。

叶夫根尼·哈尔杰伊

▲ 1984年，莫斯科

叶夫根尼·哈尔杰伊最出名的一张照片摄于 1945 年，照片上，一名胜利的苏联士兵在柏林帝国大厦屋顶挥舞着一面苏联国旗。1984 年，我们在莫斯科他的两居室公寓见面时，我对他职业生涯的了解仅此而已。

那年哈尔杰伊 28 岁，他看到一名扛着旗帜的士兵，就跟着他爬到帝国大厦屋顶。这是一种说法，在我听来像是真的。然而另一个版本出现在各种图书里。故事说，整个柏林没有一面苏联国旗，因此哈尔杰伊飞到莫斯科，请他当裁缝的叔叔用从塔斯社接待室偷来的红色桌布做了一面国旗。在历时 12 天的柏林战役如火如荼进行期间，他飞回柏林，找了个士兵来挥舞旗帜。（第三个故事说，战役之前，哈尔杰伊休假在家。他从莫斯科一家百货商店骗来做三面旗帜的材料，把它们带到柏林。第四个故事说旗子的材料来自一个驻柏林使馆……）我不知道哪个故事是真的。著名照片引来故事就像船引来藤壶一样容易，哈尔杰伊也没有澄清它们。他于 1997 年去世。

鲍里斯·雅罗斯拉夫采夫

▼1984年，莫斯科

68岁的鲍里斯·雅罗斯拉夫采夫在莫斯科的公寓将三岁孙女伊琳娜（Irina）扛在肩上。"二战"期间，他报道苏联第49集团军的战斗行动，寄回数百张照片，给一个名为《保卫祖国》的系列故事提供插图。他最珍惜的一张照片摄于基什尼奥夫（今基希纳乌）。照片上，五个孩子一脸惊恐地注视着飞过头顶的德国战机。

奥尔加·兰德尔

▷1984年，莫斯科

"冒险家奥尔加·兰德尔"因为在"伟大的卫国战争"（俄国人如此称呼1941至1945年与德国的战争）期间，屡次接受危险的任务而闻名。1931年，23岁的奥尔加开始了她的记者和摄影师职业生涯。1943年，为了接近前线，她加入《苏维埃士兵报》（Sovyetski Voyin），成为战争期间在前线报纸工作的唯一一名女摄影师。有一次，就在她刚拍完一位获得勋章的迫击炮连指挥官后，他接到了开炮的命令，结果引来德军猛烈的反击炮火。她周围的人都死了。她的编辑后来严厉责备她，怪她没有立即撤出那一地区。她大为光火。"哼，我可不想让他们把我看成懦夫。"她说。

奥尔加·兰德尔

▲ **1984年，莫斯科**

德米特里·巴尔特曼茨和妻子安东尼娅（Antonia）与他们的艾尔谷犬泰尔（Tair）住在一幢俯瞰莫斯科河的两居室里。

那幅名为《悲伤》（Grief）的照片静静地靠在巴尔特曼茨的照片盒盒盖上。照片中，刻赤半岛幸存的克里米亚村民在寻找1942年1月被撤退的德军杀害的亲人。

《悲伤》也许是"二战"期间最震撼人心的照片，但直到1967年，它现身纽约大都会艺术博物馆"第五届艺术摄影展览"（Photography in the Fine Arts V）时，它才在美国受到关注。11名博物馆馆长和绘画策展人组成了那次展览的评审团。其中一些人没给那张照片投票。一位来自费城的馆长说他不满意这张照片，因为它"没有表达一个想法"。另一位来自波士顿的馆长同意他的说法。幸运的是，大部分评审员同意弗吉尼亚美术馆（Virginia Museum of Fine Arts）策展人的观点，他把它称作"当代最杰出的作品之一"。

德米特里·巴尔特曼茨

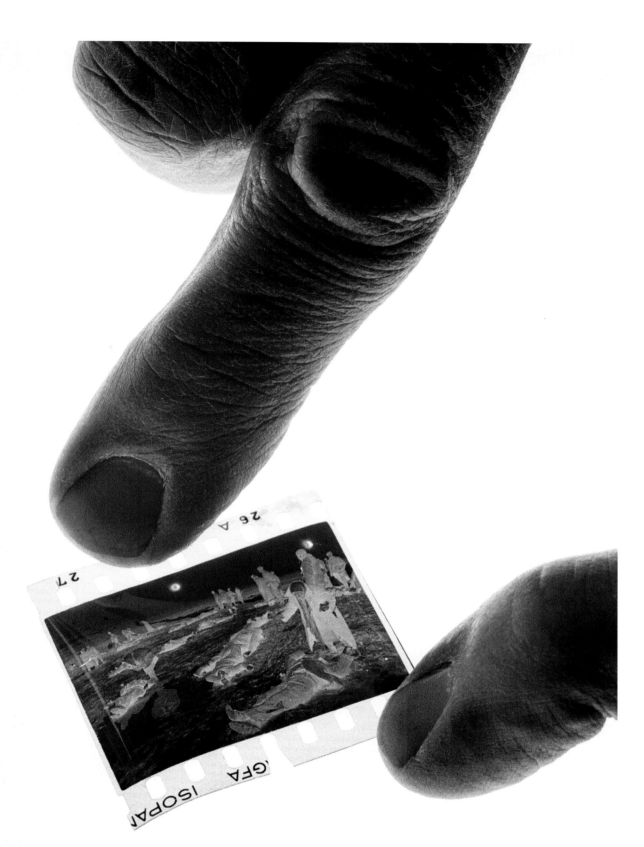

　　或许是巴尔特曼茨
的胶卷在显影罐里的弯
曲导致两个点粘到一
起，显影液没接触到
《悲伤》负片这两处的
感光乳剂，留下两个明
显的白点。为掩盖这两
处瑕疵，巴尔特曼茨将
另一张负片里的暴雨云
印在照片上。借来的乌
云强化了场面的戏剧性
效果。

◀ **1984年，加利福尼亚州卡梅尔高地**

1941 年，从查马谷返回圣菲的路上（安塞尔·亚当斯在自传中写道），"接近赫南德兹村时，我看到一个梦幻般的景象。我把旅行车开上低矮的路肩，跳下车，（对着我的同伴）大喊：'拿上这个！拿上那个，上帝啊，快！我们的时间不多了！'"

"按下快门的时候，我就知道它不同凡响。"亚当斯说。他没有记录他最著名的这张照片的准确拍摄时间。

"头几年，冲印这张《月升》的负片时，我让上方天空的一些云朵随意显现出来，虽然之前我将天空想象成非常深的色调，而且几乎没有云朵。"

1984 年，亚当斯去世后不久，他结发 56 年的妻子弗吉尼亚·亚当斯（Virginia Adams）坐在那张放在看片灯箱上的负片和用它洗出的有云和相对无云的照片旁。

考据狂根据相机和月亮的位置计算出，亚当斯那张《月升，新墨西哥州赫南德兹》（*Moonrise, Hernandez, New Mexico*）摄于万圣节当天下午四点五分。

哈里·卡拉汉

◄1994年，佐治亚州亚特兰大市

　　哈里·卡拉汉将一张 1949 年的负片按在客厅窗户上，让我拍照。照片上是他的妻子。他在 1933 年的一次相亲中认识了埃莉诺·纳普（Eleanor Knapp），五年后，他才对摄影产生兴趣。不过迷上摄影后，卡拉汉一生都在为她拍照。

爱德华·韦斯顿

▶ 1993年，
图森市，亚利桑那大学

　　爱德华·韦斯顿的情人，摄影师索尼娅·诺斯科威亚克（Sonya Noskowiak）从加利福尼亚州卡梅尔的市场给他带来一只青椒。一周后，韦斯顿在1930年的一篇日记中写道，它开始"显出要变质的样子，今晚该用它做色拉"。

　　不过他还是改变了晚餐菜单。第二天，他将青椒放在一只锡皮漏斗里，给它拍照。

　　"我有一张极好的负片——目前为止最好的！"看到显影后的底片，他写道。还补充说，这张照片没有"心理属性，没有唤起人类情感"，这一点很重要。朋友们觉得他的蔬菜照片暗示了性，这些评论让他很恼火。

　　韦斯顿那天冲洗了好几张负片，因此谁也无法确知哪一张是他眼里最好的。他用30号负片洗出25张照片，但它显然过于拟人化，不可能是那张最好的。那没关系。当策展人黛安娜·尼尔森（Dianne Nilsen）从封套里拿出35p号负片（印了13张）时，我看到光线极其优美地将银粒子排布在胶片表面，激动得气都喘不过来了。

　　"有人说，我是个食人怪兽，会在一张杰作之后吃掉我的模特。"韦斯顿在那一周写道，"不过我更喜欢另外一个看法，即它们成了我的一部分，不仅滋养了我的血液，还丰富了我的想象力。"

布雷特·韦斯顿

◀ 1993年，

图森市，亚利桑那大学

布雷特·韦斯顿准备在加州卡梅尔的家里办一次聚会，庆祝他的80岁生日。他计划在聚会上当着客人面销毁他的全部负片。黛安娜·尼尔森从图森市的创意摄影中心赶来，希望可以让他回心转意。

尼尔森请韦斯顿允许她登记乳剂编码。这些编码刻在他正在销毁的胶片边缘。

"布雷特开始在壁炉里烧毁他的作品，我开始记录它们的乳剂编码。"尼尔森说。

"借口跟不上他的速度，我说：'布雷特，你非得今天把它们全烧了吗？'"

"'噢，不，亲爱的。我不烧了。'他答应着，住了手。"

聚会过后，韦斯顿将灰烬和60张未烧毁的负片装在一只拉链冷藏包里交给尼尔森，然后举家迁往夏威夷。（韦斯顿次年去世，去世前再也没有销毁他的作品。）

布雷特·韦斯顿

▲ 1981年，巴黎

　　"女人……有关她们的一切都令我着迷。"雅克·亨利·拉蒂格说。1942年，48岁的拉蒂格在里维埃拉结识了20岁的弗洛雷特·奥尔梅亚（Florette Orméa）。三年后，奥尔梅亚放弃了给服装设计师克里斯汀·迪奥（Christian Dior）做模特的工作机会，成为拉蒂格的第三任妻子。

雅克·亨利·拉蒂格

▲1981年，巴黎

　　有人拍到六岁的拉蒂格臂下挎着一架大相机的照片。今天，他因为孩提时代拍摄的照片而出名，但直到他65岁，人们才注意到这些照片。我在22年之后见到他。我想说的是，六岁的拉蒂格样子很可爱。谁不是这样呢？但年近90岁的拉蒂格看上去很美。

结婚 36 年的拉蒂格先生和夫人在巴黎家中——他们的情侣装，她的姿势。噢，幸运的男人！

▷1981年，巴黎

1905 年，11 岁的拉蒂格拍摄了照片《飞翔的表姐比雄纳德》（Cousin Bichonnade in Flight）。照片上，一个穿长裙的年轻女郎从他家屋前台阶上一跃而下。那幢房子在巴黎科唐贝尔街 40 号，我请他再回到那里。房子的现主人像迎接国宝一样迎接这位 87 岁的摄影家。拉蒂格将一对内胎抛向空中，看看能不能发明一种新游戏。

不久后，作家斯图尔特·麦克布赖德（Stewart McBride）写道，拉蒂格曾问："保持一颗童心很难，但我认为我做到了，你说呢？"

雅克·亨利·拉蒂格

工作中的约翰 · 洛恩加德
© 亨利 · 卡蒂埃－布列松，1987年，巴黎

　　"约翰，"亨利 · 卡蒂埃－布列松说，"我尊重你的工作。但我不理解为什么要用三脚架什么的。我只用一架小相机。对我来说，摄影如禅。我让照片自然产生。"

我不假思索地飞快列出一份依然在世（截至 2011 年。——编注）的摄影家名单。20 世纪 90 年代初时，他们已是成名成家的人物。我没有拍摄这 183 位的照片。他们的名字表眀，在本书所选的摄影家之外，有一片多么辽阔的摄影天才的海洋：

Abbas, Sam Abell, Robert Adams, Bob Adelman, William Albert Allard, Eve Arnold, Jane Evelyn Atwood, David Bailey, Lewis Baltz, Micha Bar-Am, Bruno Barbey, Tina Barney, Lillian Bassman, Peter Beard, Hilla Becher, Richard Benson, Barbara Bordnick, Bill Burke, David Burnett, Rene Burri, Edward Burtynsky, Dan Budnik, Sophie Calle, Paul Caponigro, Keith Carter, Carl Chiarenza, Lucien Clergue, William Christenberry, Larry Clark, William Clift, Chuck Close, Jodi Cobb, Linda Connor, Marie Cosindas, Gregory Crewsdon, Bruce Davidson, Lynn Davis, Judy Dater, Luc Delahaye, Patrick Demarchelier, Raymond Depardon, Philip-Lorca diCorcia, Rineke Dijkstra, John Dominis, David Doubilet, David Douglas Duncan, William Eggleston, Bill Eppridge, Mitch Epstein, Elliott Erwitt, Larry Fink, Enrico Ferorelli, Donna Ferrato, Frank Fournier, Robert Frank, Lee Friedlander, Paul Fusco, Adam Fuss, Ron Galella, Ralph Gibson, Frank Gohlke, Nan Goldin, Greg Gorman, Emmet Gowin, Lauren Greenfield, Timothy Greenfield-Saunders, Andreas Gursky, Jan Groover, Charles Harbutt, David Alan Harvey, David Heath, Robert Heinecken, Gregory Heisler, Ken Heyman, Hiro, Thomas Hoepker, Walter Iooss, Graciela Iturbe, Lynn Johnson, Ken Josephson, David Hurn, Clemens Kalischer, Simpson Kalisher, David Hume Kennerly, Douglas Kirkland, William Klein, Mark Klett, Josef Koudelka, George Krause, Jill Krementz, Les Krims, Hiroji Kubota, Franz Lanting, Neil Leifer, Saul Leiter, David Levinthal, Peter Lindbergh, Danny Lyon, Nathan Lyons, Peter Magubane, Sally Mann, Costa Manos, Mary Ellen Mark, Leonard McCombe, Don McCullin, Steve McCurry, Joe McNally, Alen McWeeney, Susan Meiselas, Michael Melford, Ray K. Metzker, Sheila Metzner, Joel Meyerowitz, Duane Michals, Wayne Miller, Arno Rafael Minkkinen, Richard Misrach, Sarah Moon, Abelardo Morell, Ralph Morse, Grant Mudford, James Nachtwey, Marvin Newman, Helmut Newton, Michael "Nick" Nichols, Lennart Nilsson, Nicholas Nixon, Michael O'Brien, John Olson, Michael O'Neil, Bill Owens, Tod Papageorge, Olivia Parker, Martin Parr, Gilles Peress, John Pfahl, Sylvia Plachy, David Plowden, Robert Polidori, Richard Prince, Co Rentmeester, Marc Riboud, Eugene Richards, Thomas Roma, Judith Joy Ross, Lucas Samaras, Tobey Sanford, Jan Saudek, Steve Schapiro, Andres Serrano, Cindy Sherman, Stephen Shore, Snowdon, Doug and Mike Starn, Bert Stern, Joel Sternfeld, Thomas Struth, Anthony Suau, Hiroshi Sugimoto, Larry Sultan, Joyce Tenneson, George Tice, Larry Towell, Philip Trager, Arthur Tress, Pete Turner, Jerry N. Uelsmann, Nick Ut, Tony Vaccaro, Ed Van Der Elsken, Jeff Wall, Albert Watson, Alex Webb, Bruce Weber, Carrie Mae Weems, Henry Wessel Jr., Stephen Wilkes, Geoff Winningham, Neil Winokur, Joel-Peter Witkin, 以及其他我没有注意到的摄影家们。

阿尔弗雷德 · 艾森施泰特
Alfred Eisenstaedt
美国，生于德国（1898—1995）
44—47

　　1915 年，阿尔弗雷德 · 艾森施泰特应征加入德国陆军。三年后，他驻守在佛兰德地区伊普尔附近的炮台，一发英军炮弹在炮台上爆炸，杀死了除他以外的全部官兵。他的一条腿差点被炸断（他花了两年时间才恢复到能独立行走）。在"一战"后的德国大通胀中，他的家庭失去了全部财富。受雇做批发纽扣和皮带的销售员期间，艾森施泰特兼职做自由摄影记者。受委派报道斯德哥尔摩的 1929 年诺贝尔奖颁奖仪式时，他做起了全职摄影。1935 年，作为犹太人，他被迫离开德国，移民美国。

　　"用图片讲故事——我们称之为报道——是我在欧洲时的专长。如实展现人们——工作、嬉戏、欢笑、哭泣——追求某种程度上的和平生活，是我的目标。"他说。艾森施泰特是《生活》于 1936 年出版首刊之前雇用的四位摄影师之一。他后来为杂志拍摄了超过 2500份报道和 90 张封面。他骄傲地说："我一直是它的朋友。"

　　艾森施泰特出了名地杞人忧天。一个记者曾在 1961 年与他合作拍摄美国总统约翰 · 肯尼迪的内阁成员。她回忆，衣冠楚楚的艾森施泰特不知穿什么套装出席与国务卿的一次会议，不知与财政部长见面时系什么领带。他什么时候该吃午饭？该谁付账？她写道，他总是担心这担心那，但从不担心拍不到一张照片。

　　"我到处发现拍照的可能性。我可以一待几个小时，观察一滴雨。我随时看到照片。我就是这样思考。"艾森施泰特说。

阿尔弗雷德 · 库马洛
Alfred Kumalo
南非（1930—2012）
52

　　阿尔弗雷德 · 库马洛生于南非约翰内斯堡附近的亚历山德拉镇，朋友们称他为"阿尔夫"（Alf）。他的第一份工作是在报纸《班图世界》（*Bantu World*）做记者。20 世纪 50年代，他在报道庭审案件的过程中结识了辩护律师纳尔逊 · 曼德拉。库马洛已经尝试画出他觉得有趣的画面，但逐渐认识到相机做得更好。曼德拉被监禁在罗本岛期间，库马洛觉得自己有义务定期拍摄曼德拉的家人，将照片寄给他。他还拍摄了南非种族隔离下的生活，将照片刊登在改革运动杂志《鼓》（*Drum*）上。杂志编辑大卫 · 黑兹尔赫斯特（David Hazelhurst）对库马洛的勇气记忆犹新，"警察……尤其痛恨摄影师，因为他们的照片描绘了一个罪恶制度的真相"。库马洛后来加入约翰内斯堡的《星报》。2004 年，因为"在记录祖国历史——从政治动乱、变革到民主萌芽——方面的大无畏决心"，库马洛获得南非政府肯定。

艾伦 · 金斯堡
Allen Ginsberg
美国（1926—1997）
28

　　艾伦 · 金斯堡生于新泽西州纽瓦克市，在附近的帕特森市长大。他抓拍的朋友威廉 · 巴勒斯（William Burroughs）、尼尔 · 卡萨迪（Neal Cassady）、格雷戈里 · 柯索（Gregory Corso）和杰克 · 凯鲁亚克（Jack Kerouac）的肖像组成了"垮掉的一代"全家福。这些照片展现了诗人拍摄迷人肖像的天赋，从中找不出一点《嚎叫》（*Howl*）的愤怒形象。1956 年，金斯堡凭这首诗一举成名。

　　摄影师罗伯特 · 弗兰克（Robert Frank）的"偶尔赞许和通过作品和例子的微妙指导……揭示了（我的）内在冲动，将它指向拍摄照片"，金斯堡说。那份冲动从 1963 年一直间断到 20 世纪 80 年代，但是当他重新燃起对摄影的兴趣时，诗人从他所谓的"杂货店冲印"转向雇用弗兰克的暗房技师埃德 · 格拉达（Ed Grazda）和希德 · 卡普兰（Sid Kaplan）冲印。作为诗人，金斯堡在每张照片的边缘直接写上大段文字，即使画面相同也从不重复同样的话。

安德烈亚斯·费宁格

Andreas Feininger

美国（1906—1999）

24—25

安德烈亚斯·费宁格的父母是美国人，在巴黎时生下了他。父亲莱昂内尔（Lyonel）是一位著名画家，20 世纪 20 年代领导德国包豪斯学校版画系。安德烈亚斯在那里接受了两年家具师的训练后离开，到采尔布斯特的一家技术学校学习建筑和结构工程。四年后，他以最高荣誉毕业，然后在巴黎给著名建筑师勒·柯布西耶（Le Corbusier）当了一年助手。1933 年，费宁格搬到斯德哥尔摩，在那里开创了一项成功的业务，即为其他建筑师拍摄建筑照片。1933 年，苏联入侵邻国芬兰后，瑞典政府禁止外国人使用照相机及驾驶汽车。费宁格与妻儿搬到纽约。

在美国，他精于用长焦镜头压缩城市景观的透视关系。为此他设计制造了符合自己规格的相机和三脚架。"我对人类制造的一切都感兴趣。"提到人类的技术成就时，他说。动物骨架、昆虫和贝壳也吸引了他的注意。他相信，"优秀摄影的关键是摄影师一方的兴趣，它不在于摄影技术，而在于拍摄对象"。

虽有如此信念，费宁格（1943 至 1962 年，他是《生活》雇员）依然出版了超过 50 本关于摄影技术或他自己的照片的书。

爱德华·韦斯顿

Edward Weston

美国（1886—1958）

110

1890 年，在伊利诺伊州海兰帕克市，爱德华·韦斯顿母亲的临终遗愿是，她四岁的儿子长大后要脱离医生和教师的家族传统，成为一个商人。

韦斯顿 20 岁时，29 岁的姐姐从加利福尼亚给他的信中写道："毫无疑问，这里才是你施展抱负的地方。"他听从她的建议，放弃了妈妈的遗愿。

1910 年，韦斯顿在加利福尼亚州特罗皮科（Tropico，今格伦代尔）开了一家照相馆。随后的十年间，他的柔焦肖像风格使他成为商业肖像摄影师中的明星。

然而在同行摄影师玛格丽特·马瑟（Margrethe Mather）的鼓励下，他开始拍摄对焦锐利的照片。结果他的肖像生意日渐冷落。他随后的一生过着简朴的生活，有过许多情人，专注拍摄人体、蔬菜、贝壳和加利福尼亚州罗伯斯角（Point Lobos）的岩石海岸。

他是第一个获得古根海姆学者奖（Guggenheim Fellowship）的摄影师（于 1937 年）。他的照相馆橱窗的招牌上写道："爱德华·韦斯顿，摄影师。未经修饰的肖像，收藏用照片。"2008 年，一张裸体躯干（也许是米丽娅姆·勒纳 [Miriam Lerner] 的）照片在苏富比拍卖会上以 1609000 美元售出。而它在 1925 年印出来时，韦斯顿也许只收了 10 美元。

安德烈·柯特兹

André Kertész

美国，生于匈牙利（1894—1985）

64—69

匈牙利出生的安德烈·柯特兹在巴黎生活了 11 年，在那里功成名就。1936 年，42 岁的柯特兹来纽约谋求更大发展，却发现他的作品在美国无人问津。"二战"阻止了他回到欧洲。1946 年，他的朋友布拉塞从法国乘远洋班轮赴美，面无表情的柯特兹在码头迎接他，见面第一句话就是："布拉塞，你看到的是一个死人！"虽然布拉塞催促柯特兹回巴黎，但柯特兹没走。那一年，他签下一份收入丰厚的为《住宅与庭院》（House & Garden）杂志拍摄住房内景的合同。（合同延续了 15 年，但他并不喜欢这份工作。）

1964 年，他的照片在纽约现代艺术博物馆展出。一夜之间，他对匈牙利乡村生活和巴黎、纽约城市生活的满怀激情的描绘受到全世界赞扬。到 1981 年，他已经名扬世界近 20 年，但依然很有生气。"现在，荣誉来了，"他说，"但我已经 88 岁了。它迟来了 40 年。"

安妮·莱博维茨

Annie Leibovitz

美国（1949—）

16—19

1967 年，《滚石》（Rolling Stone）杂志在旧金山创刊时，安妮·莱博维茨正在旧金山艺术学院学习绘画。1970 年，她成为杂志社员工，用黑白胶卷为它抓拍舞台上下的表演者。1973 年，《滚石》开始在封面上采用彩色照片时，莱博维茨开始了概念摄影。例如，她将丹·艾克罗伊德（Dan Aykroyd）和约翰·贝鲁西（John Belushi）涂成蓝色，让乌比·戈德堡（Whoopi Goldberg）待在一只注满牛奶的澡盆里。她请约翰·列侬（John Lennon）赤身躺在妻子小野洋子（Yoko Ono）身边。每一幅这类照片都是演员公众形象的一个视觉隐喻。"我不想在我的概念里塞进过多想法。"莱博维茨曾说，"实际上，我有的那些想法，如果说出来，似乎老套透顶，只有在它们被表达出来时，人们才能欣赏它们。这是我学会相信的一件事。听起来越愚蠢，看上去越漂亮。"

过去 30 年来，莱博维茨主要为《名利场》（Vanity Fair）工作，最近也为《时尚》（Vogue）拍摄。她为美国运通和路易威登等公司拍摄的广告常常能媲美她最好的杂志片。

安塞尔·亚当斯

Ansel Adams

美国（1902—1984）

106—107

安塞尔·亚当斯生于旧金山，1984 年去世。去世时，他也许是美国最著名的摄影家。他拍摄的内华达山脉照片充满诗情画意，受到广泛好评。去世前五年，他成为第一个出现在《时代》（Time）封面上的摄影师。哈佛和耶鲁授予他荣誉学位，吉米·卡特为他颁发总统自由勋章。

少年时，亚当斯游览了约塞米蒂国家公园。那次造访给他留下深刻印象，激发了他用相机捕捉自然美景的毕生愿望。然而一直到 28 岁，他都在努力学习成为一个在音乐会上演奏的钢琴家。只是在发现自己作为一个钢琴独奏演员的职业前景不明朗时，他才转到摄影行业。亚当斯与摄影师弗雷德·阿彻（Fred Archer）共同发明了"分区曝光法"。应用这种方法，他可以调节单张黑白负片的曝光和显影时间，调整光线呈现在胶片上的效果。亚当斯用这些负片冲洗出色调极其丰富优美的黑白照片。2010 年，一张名为《冬季风暴过后，约塞米蒂国家公园，1994》（Clearing Winter Storm, Yosemite National Park, 1944）的 39 英寸 × 52 英寸（99.1 厘米 × 132.1 厘米）超大照片在纽约苏富比拍卖行卖到 722500 美元，创下了亚当斯照片的拍卖价格纪录。

亚当斯是环保运动的领军人物。年轻时，他在约塞米蒂国家公园带领徒步旅行。他在摄影工作坊任教。他非常有亲和力。"我知道自己不完美，"他告诉作家斯图尔特·麦克布赖德，"但有些方面相当优秀。"

奥尔加·兰德尔

Olga Lander

俄国（1908—1996）

102—103

女儿伊琳娜（Irina）两岁时，奥尔加·兰德尔离了婚。她后来再婚，但 1984 年，我们在莫斯科会面时，她已经成了寡妇。她的事业开始时她为莫斯科的一家青年报纸工作。1941 年，德军侵入苏联后，她的一个目标就是上前线。"不管我付出多大努力，编辑就是不让我去。"

摄影师瓦列里·斯季格涅夫（Valery Stigneev）指出，在苏联，没有国家安排，换工作的主意想都别想。即使如此，1943 年，兰德尔将小女儿丢给父母，没有通知上级，径直来到战场，向前线报纸《苏维埃士兵报》的编辑报到。他们发给她一套制服，给她一个军士长军衔。他们后来刊登了她的 1500 张照片。为完成某个任务，兰德尔在泥泞的地面走了七天，还常常要冒着敌军炮火。整个战争期间，她使用仿德国徕卡的苏联 FED 相机。

兰德尔的莫斯科两居室有高高的天花板和宽敞的厨房，她非常满意。但她在乡间没有住所，因为她说："我讨厌挖泥。"

鲍里斯·雅罗斯拉夫采夫
Boris Yaroslavtsev
俄国（1916—1993）
102

莫斯科出生的鲍里斯·雅罗斯拉夫采夫从《莫斯科工作报》（*Working Moscow*）的暗房里开始了摄影生涯。十年后，德军侵入苏联时，他被派到罗马尼亚边境附近的基什尼奥夫报道士兵从日常生活到大规模作战的一切活动。"我会利用一切交通工具——从马匹到轰炸机。为了得到某张特定照片，我也许得在泥泞里爬行，或者爬上树，或者涉入冰冷的水中。"退休后，他和妻子一起生活。妻子是退休数学老师。他很喜欢莫斯科郊外的房子，在那里种了蔬菜和鲜花，他还喜欢到河里钓鱼。

贝伦尼斯·阿博特
Berenice Abbott
美国（1898—1991）
58—59

贝伦尼斯·阿博特更喜欢她名字的法国拼法。"我不喜欢'Bernice'——'Burnees'——所以我在中间加了个字母。听上去好听些。"她告诉作家埃拉·兹温格尔（Erla Zwingle）。

阿博特生于俄亥俄州斯普林菲尔德市。她在俄亥俄州立大学读了一年，又在纽约市格林尼治村待了三年，最后于1921年搬到巴黎。她本想做雕塑家，但1923年，她在纽约认识的曼·雷雇她做助手。"我像鸭子爱水一样迷上了摄影。"她说。阿博特因为拍摄鲜明的艺术家和作家肖像而出名。她还结识了雷的邻居尤金·阿杰特。阿杰特当时是一个默默无闻的摄影师，在世纪交替之际系统地拍摄了巴黎这座城市。

1927年阿杰特去世后，阿博特挽救了他的照片，使之免于流失。随后40年里，她举办关于他的讲座、展览、出售用他的负片洗出的照片，策划出版了三本关于这些照片的图书。"那是我的责任，我义无反顾。我觉得他很伟大，他的作品应该流传下来。"1968年，她把收藏的阿杰特的负片和照片卖给纽约现代艺术博物馆。

1929年，阿博特回到纽约。她放弃了肖像摄影，转而像阿杰特当年记录巴黎一样拍摄纽约。"一个人住的房子比他的鼻子更能揭示这个人。"她说。联邦艺术计划（Federal Arts Project）给她提供支持，1939年，她向纽约市立博物馆（Museum of the City of New York）提供了一套307张经典照片，题为《改变中的纽约》（*Changing New York*）。她的另一个项目是通过拍摄磁力、重力、抛物柱面镜等现象演示物理原理。她用了20年时间完成这个项目。

"让我们先谈谈摄影不是什么。照片不是绘画，不是诗，不是交响乐，不是舞蹈。它不仅仅是一幅美丽的图片，也不是歪曲技术的运用和纯粹的印刷品质。"阿博特说。

"摄影是，或者说应该是，一份重要文件，一份一针见血的陈述，它可以用一个非常简单的词来形容——选择性。"

1934至1958年，阿博特在纽约新学院任教。1965年退休后，她住在缅因州班戈市以北。

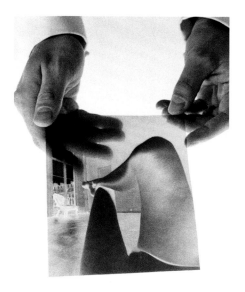

比尔·布兰特
Bill Brandt
英国（1904—1983）
83

比尔·布兰特是一个英国银行家家族成员，少年时期大部分时间（及整个"一战"期间）在德国生活——他母亲的家族住在汉堡。16岁时，他患上肺结核，在瑞士达沃斯一家疗养院住了六年。1927年，一位家族的朋友为他在维也纳一家照相馆找了份工作。1929年，布兰特在巴黎曼·雷的工作室工作了三个月。1931年，他定居伦敦。

英国杂志《小人国》和《图画邮报》编辑汤姆·霍普金森（Tom Hopkinson）说布兰特的声音小得像飞蛾，举止则是女修道院以外的人里最文静的。他还说，布兰特"对任何与神秘无关的事物都没有兴趣。神秘体现在他拍摄的所有对象里"。

1939年，德军空袭闪击战前夕，布兰特拍摄了战时伦敦的街道夜景。他写道："黑暗中的伦敦，只有月亮投下的微光，美得空前绝后。"

"我发现，氛围是给平庸注入美的那道符咒。我还不确定氛围是什么，"布兰特承认说，"我只知道它是许多因素的结合……它将对象呈现得熟悉而又陌生。"

"比尔是个相当神秘的人。"他的遗孀诺娅·布兰特（Noya Brandt）告诉我，"他不许任何人进他的暗房。但他常常会被整个照片冲印过程弄得极为兴奋。"布兰特说，他觉得冲印照片是拍摄中最重要的部分。

布拉塞
Brassaï
法国，生于匈牙利（1899—1984）
84—87

24 岁的记者、画家、摄影家兼雕塑家久洛·豪拉斯（Gyula Halász）来到巴黎，自称布拉塞，以此影射他在特拉西瓦尼亚地区的出生地布拉索（Brassó）。他在摄影上的雄心壮志是 "用平淡无奇的事物来表现日常生活中似乎前所未见的某个方面，以此开创一番引人注目的崭新事业"。他拍摄了夜间的巴黎街道、咖啡馆和妓院，以及白天的画家和作家工作室。后来他又迷上了刻画在墙上的涂鸦。他的照片展现出涂鸦的崭新形象，就像从未有人留心看过似的。

彼得·特恩利
Peter Turnley
美国（1955—）
30—31

1978 年，彼得·特恩利来到巴黎。一开始，他在 Picto 冲印店（冲印亨利·卡蒂埃-布列松胶片的专业冲印店）做冲印师。1981 年，他成为摄影师罗贝尔·杜瓦诺（Robert Doisneau）的助手。自那以后，特恩利的照片 43 次出现在《新闻周刊》封面上。特恩利现住在纽约，但在世界各地教授工作坊。他还记得，"一天下午，我和老友，摄影师爱德华·布巴（Édouard Boubat）在巴黎 La Tartine 餐厅喝酒时，他告诉我：'彼

得，如果你敞开胸怀，睁开双眼，每个街角都会有礼物等着你。'"

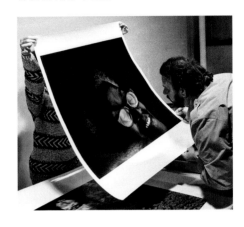

布赖恩·兰克
Brian Lanker
美国（1947—2011）
53

布赖恩·兰克拍摄了一个正在被使用无痛分娩法接生的女婴。照片登上了堪萨斯州《托皮卡首府日报》（Topeka Capital-Journal），为他赢得了 1973 年普利策奖。他和他拍摄的那对夫妇保持了友谊。"你不能经历了那样的事情之后就跟人说拜拜。" 他说。但那对夫妇从托皮卡搬到达拉斯，一段时间后离了婚。

"琳达（Lynda，妻子）回到堪萨斯州，我们继续交往，但友情越来越深，最后演变成爱情，直到我们结了婚。" 兰克说，"基本上是我在抚养那个普利策奖婴儿。"

兰克想象力丰富，是一个勤奋的静物摄影师。他还执导了美国公共广播公司一部关于 "二战" 战地艺术家的纪录片。普丽西拉·威廉斯（Priscilla Williams）是他妻子的保姆，兰克与她的友谊促使他构思出 1989 年的图书《我梦想着一个世界：改变美国的黑人女性的肖像》（I Dream a World: Portraits of Black Women Who Changed America）。这本书售出超过 40 万册，威廉斯是书中的 75 位女性之一。

2011 年，兰克因胰腺癌突然离世。去世前，他是自由摄影师和纪录片制作人，住在俄勒冈州尤金市，妻子琳达是才华横溢的肖像画家，他们共同抚养儿子和她与前夫生的两个女儿。

布雷特·韦斯顿
Brett Weston
美国（1911—1993）
111

摄影家爱德华·韦斯顿有四个儿子，布雷特·韦斯顿是老二。1925 年，当他来到在墨西哥城的父亲身边时，父亲写道，他是 "一个高大魁梧的小伙，精力旺盛，桀骜不驯"。他担心如果让布雷特留在加利福尼亚州特拉皮科与妈妈在一起，他的下场也许是进感化院。

在墨西哥州，布雷特结束了正规教育，开始拍摄照片。评论家后来评说，与父亲的相比，他的照片对比更强烈，构图更大胆，并且频繁使用重复的形状来构成图案。"人们总拿我与父亲比，我对此很恼火。" 布雷特说。

1926 年，布雷特回到加利福尼亚，与父亲一起经营一家照相馆。两年后，小韦斯顿出来自立门户。1932 年，旧金山德扬纪念博物馆（M. H. de Young Memorial Museum）推出一场他的单人作品展。布雷特在好莱坞短暂做过一阵摄影师。"二战" 中，他在纽约的陆军通信兵学校任教。1945 年，他得到古根海姆学者奖资助，来到东海岸拍摄，但在拍完后返回加利福尼亚。他拍摄了近 20 套照片集，其中大部分以自然景观为对象。1970 年以后，它们的售价日渐上升，他也因此得以在加利福尼亚州卡梅尔和夏威夷州科纳区安家置业。

父亲在世期间，他用父亲的负片冲印照片出售，但这一点并没有阻止他在 80 岁生日这天销毁自己的负片的想法。"没人能以我的方式用我的负片印出照片——那些不是我的作品。" 他说。

查尔斯·希勒
Charles Sheeler
美国（1883—1965）
90—91

查尔斯·希勒的父亲是费城一家航运公司的经理。查尔斯在宾夕法尼亚美术学院学习了绘画。绘画时，他会将现实简化到几乎抽象的地步，但他的许多画作是他忠实地以他对焦精准的照片为基础绘出的。这些照片上有火车、电厂、汽轮的上层建筑和宾夕法尼亚州巴克斯县的房子。今天，评论家不能确定他的绘画和照片哪一个更好，但他的经纪人埃迪丝·哈尔佩特（Edith Halpert）知道。1931年，她叫他藏起相机。他的油画可以卖到成千上万美元，但在他去世前，画廊从未卖出一张高于25美元的照片。

大卫·戈德布拉特
David Goldblatt
南非（1930—）
60—61

2010年，《纽约客》（The New Yorker）评论说，大卫·戈德布拉特自称是评论祖国和同胞的"未经许可的，自封的社会评论家"，"有时严厉，但总是饱含深情"。戈德布拉特生于兰德方丹，那是离约翰内斯堡不远的一座被金矿包围的小镇。19世纪末，他的祖父母为逃避大屠杀，从立陶宛移民来到南非。

"父亲死于1962年。1963年9月5日，我把他的商店钥匙交给那些买下商店的人。从此我脱离了商店，成为摄影师。"戈德布拉特说。他认为种族隔离造成了潜在损害，开始在黑人居住区记录这一切。他细密周到地考虑了拍摄方式。"那时候，一个身入那些地区的白人会引来极大关注，既有来自普通人的，也有来自治安警察的。我采用了一种不慌不忙的正式的摄影方法，不抓拍，相机总是架在三脚架上，一切都摆在台面上，明明白白。普通旁观者很快失去兴趣，而警察似乎不知道该如何理解我这种平平常常的举动……我关心的不是拍摄'有趣的照片'，而是拍摄我生活的，近在咫尺的世界。"

大卫·特恩利
David Turnley
美国（1955—）
30—31

1980至1998年，大卫·特恩利是《底特律自由报》的职业摄影师。他驻扎在巴黎，能迅速赶到亚洲、非洲和欧洲的新闻现场。2006年，曾在75个国家工作过的特恩利告诉采访他的达娜·罗克（Dana Roc）："体验他人的生活经历，即使这些经历是不快乐的，也是我的一桩乐事。"

特恩利的父亲是牙齿矫正医生，也是终生不懈的民权运动支持者——他曾在印第安纳州韦恩堡举行的他自己的扶轮社会议上抗议，因为演讲人支持种族隔离制度。"他回到家里，一肚子怒火，不是因为演讲，而是因为几乎没有一个扶轮社会员知道种族隔离是什么。"特恩利说。

特恩利执导拍摄了2006年的纪录片《热舞》（La Tropical）。这部电影探讨了古巴哈瓦那郊外一家舞厅里的种族问题。他目前正在拍摄一部以宾夕法尼亚州煤矿城镇谢南多厄为背景的电影，还执导电视广告片。他住在纽约。

德米特里·巴尔特曼茨
Dmitri Baltermants
俄罗斯（1912—1990）
104—105

"我们摄影师拍出极好的关于战争、火灾、地震和谋杀等人类苦难的照片。我们想看到同样质量水准的关于快乐、幸福和爱的照片。虽然我认识到这很难。"巴尔特曼茨说。他父亲是沙皇军队军官，"一战"开始时战死。巴尔特曼茨在莫斯科国立大学学习了数学，在一所苏联炮兵学校教学一年。他自学了摄影，1939 年起受雇于政府主办的《消息报》（*Izvestiya*），拍摄苏联对波兰的入侵。1941 年，德军侵入苏联后，巴尔特曼茨经历了列宁格勒（今圣彼得堡）、莫斯科和塞瓦斯托波尔的战役，拍摄了大量前线照片。这些照片的影响足以媲美"二战"中的任何照片。战争期间，他两度负伤，在医院住了六个月。战后，他成为图片杂志《星火》（*Ogonyok*）的高级编辑。作为一名官方摄影师，他随苏联总理尼基塔·赫鲁晓夫访问过中国，随列昂尼德·勃列日涅夫到过古巴和美国。

德米特里·凯塞尔
Dmitri Kessel
美国，生于俄国（1902—1995）
71、73

俄国革命期间，德米特里·凯塞尔的父亲（他在基辅以南约 320 公里拥有一家甜菜种植园）被一支游击队打死。当年晚些时候，中学毕业的凯塞尔被召进红军，成为一名少尉。当了四年骑兵军官后，1923 年，他妈妈将他和家里其他人通过波兰和罗马尼亚偷运出俄国。在纽约，卡塞尔学习了摄影，决定专门拍摄工业照片。"我迷上了工厂的庞大建筑结构和滚滚浓烟下的烟囱。"大企业雇用他，《财富》和《建筑论坛》（*Architectural Forum*）这类杂志也不放过他。"二战"期间，《生活》先后派他到阿留申群岛和希腊。

战地记者的任命要求他成为杂志社员工。从那以后，卡塞尔一直待在《生活》，直到 1967 年退休。他的摄影足迹遍布五个大陆，但他对工厂气派的迷恋也许解释了他对捕捉欧洲教堂恢弘气势的嗜好。这些照片收在他 1964 年的《基督的辉煌》（*Splendors of Christendom*）一书中。

多丽丝·C·奥尼尔
Doris C. O'Neil
美国（1920—2005）
96

1948 年，《生活》照片收藏部门雇用了多丽丝·C·奥尼尔。经过 30 年工作，其中 22 年作为部门领导，到她退休时，时代公司内部报刊 *F.Y.I.* 写道，她的成功归因于"她在罗得岛州的出生地普罗维登斯（Providence，意为'远见'。——译注），她的中间名康斯坦斯（Constance，意为'坚持'。——译注），以及她在纳拉甘西特湾的'耐心岛''希望岛'和'谨慎岛'度过的那些夏日。这些品质帮助她胜任维护藏品的艰巨工作。现在，这些藏品被视为价值极高的艺术财富"。

奥尼尔还编辑了《纪念》（*Remembrances*），这是 1995 年去世的阿尔弗雷德·艾森施泰特生前出版的最后一本关于其作品的书；编辑了《生活》作为周刊出版 36 年来的照片选集三本：《第一个十年》（*The First Decade*）、《第二个十年》（*The Second Decade*）和《整个 60 年代》（*Through the 60s*）。

哈里·本森
Harry Benson
美国，生于英国（1929—）
32—33

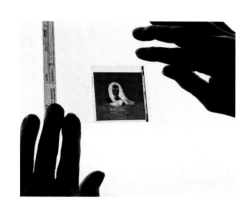

哈里·卡拉汉
Harry Callahan
美国（1912—1999）
108—109

菲利普·哈尔斯曼
Philippe Halsman
美国，生于拉脱维亚（1906—1969）
92—93

菲利普·哈尔斯曼在拉脱维亚长大，在德国德累斯顿学习了工程学。与家人在奥地利阿尔卑斯山徒步旅行时，父亲不幸摔死，哈尔斯曼为此在奥地利蹲了两年冤狱。获释后，哈尔斯曼来到法国，为巴黎《时尚》拍摄肖像照片。1940 年，德军侵入法国时，哈尔斯曼在妹妹的朋友阿尔伯特·爱因斯坦帮助下弄到美国签证。

在美国，他为《生活》拍摄了 101 张封面照片（超过了任何人）。哈尔斯曼拥有一项天分，能够在完美的照相馆人像框架内呈现拍摄对象的性感特征。演员伊丽莎白·泰勒动情地回忆起 16 岁时的一次拍摄："'你有胸部,'他会喊着，'挺起来！'只用一天，我学会了如何做出性感的样子，如何摆出撩人的姿态。一句话，我培育出了性吸引力。"

哈尔斯曼还有一个让拍摄对象在每次拍摄终了时跳跃的点子。"当你让一个人跳起来的时候，他的注意力大部分都转到跳跃动作上，他会除去伪装，露出真容。"他说。爱德华·R·默罗（Edward R. Murrow）和赫伯特·胡佛拒绝了，但玛丽莲·梦露跳了。温莎公爵和公爵夫人、理查德·尼克松和另外许多人也跳过。

哈里·本森生于苏格兰格拉斯哥市。他起初在苏格兰一家地方报纸工作，接着先后加入伦敦的《每日要闻报》（*Daily Sketch*）和《每日快报》。1964 年，他接受委派，和披头士乐队一起来到美国，从那以后一直待在纽约。他是从混乱不堪的伦敦舰队街走出的功绩卓著的摄影记者之一。过去 60 年来，他拍摄了令人难以置信的经典名人照片。他的信条是："好照片独一无二。"

1972 年，本森受雇成为《生活》员工时，正赶上它停止周刊的发行，但他继续以自由摄影师身份向《生活》月刊提供了大量优秀照片。他为新的《人物》和重生的《名利场》拍摄的照片在这两份杂志的成功发行中发挥了重要作用。本森知道该去哪里，该看什么。他看到的一切对我们所有人都有启发。

"我靠拍照养活我的狗，养活我的家人。因为我爱摄影。"他说，"它充满了活力和乐趣。电视如过眼云烟，摄影是永恒。它是档案，是历史。"2009 年，伊丽莎白女王授予本森（他自 1999 年起成为美国公民）比爵级司令勋章低一级的大英帝国司令勋章。

1936 年，底特律出生的哈里·卡拉汉进入密歇根州立大学学习工程学，但在几个月后退学。在克莱斯勒汽车零件公司当职员时，他对摄影产生了兴趣。1941 年，他听了安塞尔·亚当斯在底特律摄影公会的演讲。给卡拉汉留下深刻印象的不是亚当斯壮观的风景照片，而是他的近距离特写。"我觉得我不必非得去黄石或大峡谷。我可以拍摄沙地上的一只脚印，它将是一座沙丘。那也许是我有生以来最无拘无束的一个想法。"卡拉汉专注拍摄身边的事物：首先是他的妻子，但也有草茎、海滩和街道上一个个的人。他成了歌颂普通人和物的诗人。

1946 年，芝加哥设计学院创办人拉斯洛·莫霍伊－纳吉（László Moholy-Nagy）邀请卡拉汉到学院任教。15 年后，卡拉汉来到罗德岛设计学院，创办了摄影系。

1976 年，两名纽约收藏家同意在十年时间里每年支付一万美元，用于购买他的全部照片。图森市的亚利桑那大学创意摄影中心以同样条件买下他的负片，不过他在死前不必实际交付这些负片。"那就是说，我这辈子都不用教书了，太好了！"他说。

哈罗德 · E · 埃杰顿

Harold E. Edgerton

美国（1903—1990）

92

　　哈罗德 · 尤金 · 埃杰顿生于内布拉斯加州，毕业于内布拉斯加大学。他在麻省理工获得电气工程学位，加入其教职员队伍，1931 年获得博士学位。1933 年，英国皇家摄影学会（Royal Photographic Society）在伦敦展出了他用高速频闪闪光灯拍摄的照片，向世界揭示了仅存于几毫秒时间内的形式的美学特性，如，一只蜂鸟翅膀的扇动，或一颗子弹穿过气球的瞬间。"通过拍摄一滴牛奶滴入覆盖着薄薄一层牛奶的盘子的照片，埃杰顿博士制出一顶边缘上方装饰着珍珠的王冠——美的化身。"摄影师塞西尔 · 比顿（Cecil Beaton）写道。埃杰顿申请了 45 项与电气装置有关的专利，其中包括他的频闪闪光灯。许多这些装置永久展示在麻省理工 4 号楼 4 层一条被深情地称作"频闪通道"的走廊内。

亨利 · 卡蒂埃 – 布列松

Henri Cartier-Bresson

法国（1908—2004）

2—3、34—43

　　亨利 · 卡蒂埃 – 布列松生于诺曼底一个富有的制线商家庭。1928 年，他师从立体派画家安德烈 · 洛特（André Lhote）学习绘画，还在英国剑桥大学学了一年文学。服完强制兵役后，他来到非洲象牙海岸，以打猎为生（父亲教会他射击）。在非洲感染黑尿热后，他回到马赛。在马赛养病期间，他看到马丁 · 芒卡西拍摄的三名非洲男孩从海滩跑进海里的照片。"这张照片告诉我，摄影是一种绘画方式，它可以绘出手无法描绘的生活。噢！我激动万分！"卡蒂埃 – 布列松放弃了绘画和打猎，拿起了相机。

　　他用徕卡相机拍摄在街上看到的一切。他先后来到古巴、墨西哥、美国纽约，在纽约向保罗 · 斯特兰德（Paul Strand）学习电影摄影。回到巴黎后，他加入了共产党报纸《今晚报》（Ce Soir）。1936 年，报社派他到伦敦报道乔治六世加冕礼。"二战"开始时，他接受动员参军。他所在部队于 1940 年 11 月被德军俘虏。作为战俘，卡蒂埃 – 布列松在强迫劳动营度过了 27 个月，1943 年 2 月逃出。凭着假证明文件，他报道了 1944 年 8 月盟军对巴黎的解放。

　　1947 年，纽约现代艺术博物馆展出了他的照片，出版了一本关于他作品的小专著。但牢固建立他的艺术家名声的却是 1952 年出版的《决定性瞬间》一书。这本奢华的

图书由一个美国商业出版人发行。创立并领导洛杉矶保罗 · 盖蒂博物馆摄影部门的韦斯顿 · J · 内夫（Weston J. Naef）似乎认识到卡蒂埃 – 布列松的创造性才能的本质。他写道："卡蒂埃 – 布列松信心十足地将拍摄对象从实际背景中脱离出来，赋予它们在照片里的新生命。因此《决定性瞬间》一书中这些最优秀的照片打动了我们，带给我们快乐。"

杰伊 · 梅塞尔

Jay Maisel

美国（1931—）

56—57

　　杰伊 · 梅塞尔在纽约布鲁克林区的犹太学校接受了启蒙教育，后在库伯联盟学院和耶鲁大学学习绘画。"得到耶鲁的绘画学位后，我像个懦夫或懒人那样，决定当一个摄影师。我对自己作为画家的谋生能力没有信心。"

　　在成功的商业摄影生涯中，梅塞尔主要使用彩色胶片和自然光，他说他从没有不带相机出门过。作为结果，他收集了一大堆纯属自己实验目的的彩色照片。

　　2005 年，摄影师波比 · 莱恩（Bobbi Lane）问梅塞尔："你认为你对摄影的贡献在哪里？"

　　"我不知道。那个问题有点类似于'你觉得你是什么味道？'我不知道。"梅塞尔答道，"我觉得，在某些人——大部分是摄影师——眼中，他们觉得我开创了某些东西。在其他人眼中，我只是个微不足道的小人物。时间会说明一切。"

卡尔·迈登斯
Carl Mydans
美国（1907—2004）
72—73

　　卡尔·迈登斯出生在离波士顿不远的马萨诸塞州梅德福市，毕业于波士顿大学。他说："正好在我那个时代，世界转向战争。" 1939年，苏联入侵芬兰，《生活》派他到芬兰。离开芬兰，他和妻子雪莉（Shelley，《生活》通讯记者）又奔赴亚洲，报道中国的抗日战争。1942年1月，日军占领马尼拉时，他们正在菲律宾，和许多外国平民一起被关进监狱。

　　按作家罗纳德·H·贝利（Ronald H. Bailey）的说法，直到那时，这位35岁的摄影师还是从医生的角度看待战争——他知道疾病的危险，但自己从未经历过痛苦。"现在，"迈登斯写道，"我成了那个站在我的包裹旁等卡车来拉的人。一个小个子拿着相机……围着我，令人恼怒地不停拍我的狼狈相。"

　　1943年的一次谈判换俘中，迈登斯夫妇被遣返。他继续拍摄在意大利、法国的战斗，而且二度来到菲律宾拍摄。五年后，他拍摄了朝鲜的战争；再往后，在1968年的（越南历）新年攻势期间，他又出现在西贡。

　　1985年，78岁的迈登斯回忆道："大部分摄影师几乎记得他们拍摄的每一张照片。有一些，像我这样拍了差不多50万张的，也许记得全部。如果他们的某张照片多年后出现在某处，他们会一眼认出来。而且，像父母在人群中意外看到儿女的脸时一样，会怀着一种血浓于水的感情，看上一阵。实际上，

连一些他们从未见过的照片，他们也能认出是自己的，因为在现场的摄影记者经常不经冲洗就把胶片发回总部，没机会看到那些未出版的照片……尽管如此，通过取景器看到拍摄对象的瞬间，他的记忆中就留下了深刻印象。一旦摄影师通过相机看到并且捕捉到一个形象，他就一辈子拥有了它。他记得的不仅是那幅图像和他得到图像的环境，还有他按下快门时的感觉。"

康奈尔·卡帕
Cornell Capa
美国，生于匈牙利（1918—2008）
98

　　1937年，19岁的匈牙利人康奈尔·卡帕来到纽约，在Pix图片社找到一份照片冲印师的工作。"我能印得极为出色。"他说，"冲印阿尔弗雷德·艾森施泰特的照片时……我知道他需要什么样的对比度、阴影的质感，他希望如何呈现他的作品……那里是个让年轻人学习如何当摄影记者的学校。"

　　1946年，卡帕成为《生活》专职摄影师。1954年，哥哥罗伯特在印度支那身亡后，他转到哥哥创办的马格南图片社。随后的20年间，卡帕一边为《生活》和其他出版物拍照，一边组织哥哥和其他关心人类生存状况的摄影师的作品展览。1974年，他在纽约创办了博物馆兼学校的国际摄影中心。

　　"对我而言，商业和个人（摄影）之间没什么区别。我讲故事……我对这些故事有强烈的感受和极高的期望。"卡帕说。

　　被问及他最喜欢哪一幅照片时，他回忆起冷战期间，鲍里斯·帕斯捷尔纳克（Boris Pasternak）获得1958年诺贝尔文学奖的那个十月的下午。那时候，帕斯捷尔纳克的小说《日瓦戈医生》（Doctor Zhivago）已于一年前被偷运到国外，在意大利出版，但在苏联依然被禁。得知获奖消息，帕斯捷尔纳克打电报给诺贝尔奖委员会，说自己"无比感

谢，感动，骄傲，惊讶，不安"。在诗人位于莫斯科郊外的别墅里，卡帕说："这是一个难忘的日子。帕斯捷尔纳克是一个非常高尚的人，也是一名出色的演员。他说着莎士比亚式英语。那天是他妻子的命名日（与本人同名的圣徒的纪念日，主要在天主教、东正教国家庆祝。——编注）。他提议为夫人干杯——一幅美妙的（快乐）画面，一份对自由的致敬。他身后的樱桃园是一幅可怕的画面——到处写着毁灭的俄国花园。我最后一次见到帕斯捷尔纳克时，（他）坐在一张花园长凳上，与那幅令人难以置信的果园画面在一起。这是一张令人心碎之极的照片——想要记住《日瓦戈医生》或鲍里斯·帕斯捷尔纳克——也是他最后一次接待外国人（我）时被拍下的照片。"那一周，帕斯捷尔纳克在政府命令下拒绝了诺贝尔奖。他去世于1960年。1989年，他儿子在斯德哥尔摩帮他领取了奖章。

理查德·阿维顿
Richard Avedon
美国（1923—2004）
封面、26—27

理查德·阿维顿在商船队拍了两年身份证明照片。"它教会我识别面部的情绪起伏变化。"他说。

1944 年，阿维顿退役。他开始为《时尚芭莎》(Harper's Bazaar) 杂志拍照，在《时尚芭莎》（及后来在《时尚》杂志）的工作中，他将高端时尚从工作室推向世界，同时以有趣的方式记录时装设计。"我对时尚不感兴趣，我感兴趣的是拍摄那些迸发出活力和快乐的照片。"他说。

阿维顿彻底改变了身份证明照片的拍摄方式。拍照时，他将拍摄对象置于空白背景前，打足光线，专心于对象的表现。（2002年，纽约现代艺术博物馆展出了 180 幅阿维顿这样的照片。）

诺尔玛·史蒂文斯（Norma Stevens）描述了阿维顿对戏剧表演的热爱："有时候，他会带上工作室的全体员工。他指指点点，或者用肘碰碰你，确保我们也能体验到那些感动他的东西……同样的热情也体现在他的照片里。"

"肖像即表演。"阿维顿说，"我相信表演。我们无时无刻不是在互相表演。"

1992 年，《纽约客》雇阿维顿担任它的第一位专职摄影师。2004 年，他在德克萨斯州圣安东尼奥市执行拍摄任务时突发脑溢血去世。

刘易斯·W·海因
Lewis W. Hine
美国（1874—1940）
54—55

开始摄影五年之后，刘易斯·韦克斯·海因辞去了纽约文化伦理学院的植物学教职。他进入国家童工委员会，在随后八年时间里拍摄了在工厂、矿山工作和在街头卖报的儿童。1916 年，国会通过了童工法律（部分由于海因的记录）。海因继续拍摄工作中的成人。他后来说道："我想揭露那些必须得到纠正的做法。我还想表现那些值得欣赏的事物。"

20 世纪 20 年代末 30 年代初，他的直白的记录式摄影方法不再受欢迎。一种更画意的海报式风格受到青睐。1940 年，海因去世后，他的负片保存在纽约的摄影联盟（Photo League）；1951 年，联盟解散时，这些负片转到纽约州罗彻斯特市乔治·伊斯曼博物馆。

路易丝·达尔－沃尔夫
Louise Dahl-Wolfe
美国（1895—1989）
88—89

造访突尼斯期间，路易丝·埃玛·奥古斯塔·达尔（Louise Emma Augusta Dahl，她的挪威母亲认为孩子的姓名首字母拼出一个单词是好兆头）结识了来自田纳西州的雕塑师迈耶·沃尔夫（Meyer Wolfe）。他们结了婚，她说："我保留了我的姓，但加上迈克的，因为我爱他。"（一位《时尚芭莎》的编辑称这段婚姻为"世纪之爱"。）

达尔－沃尔夫的照片吸引了《时尚芭莎》编辑卡梅尔·斯诺（Carmel Snow）的注意。1936 至 1958 年间，达尔－沃尔夫向该杂志提供了 85 张封面照片和数以千计的时尚照片和肖像照片。

1958 年，斯诺退休，63 岁的达尔－沃尔夫觉得时尚界正在以她不喜欢的方式改变。当一个艺术指导在她准备拍照时自作主张地从她的相机瞄出去时，达尔－沃尔夫当场退出拍摄。"这一直是她的方式，毫无变通。"她的朋友，《时尚芭莎》当时的时尚编辑戴安娜·弗里兰（Diana Vreeland）说，"她放弃时尚摄影就像你合上一只旅行箱一样。"

罗伯特 · 卡帕
Robert Capa
美国，生于匈牙利（1913—1954）
99

　　1940 年，经由马里兰州的一场形式婚姻，匈牙利人罗伯特 · 卡帕成为美国永久居民。那时他已经因为西班牙内战期间拍摄的照片而闻名。"二战"期间，他被派到美国陆军。1944 年，诺曼底登陆日这天，他与第一波登陆的美军士兵一起登上奥马哈海滩。他的战争照片表现了战火中（交战双方）的士兵和平民的人性光辉。

　　1947 年，他说服亨利 · 卡蒂埃－布列松、乔治 · 罗杰（George Rodger）、大卫 · 西摩（David Szymin）和威廉 · 范迪维特（William Vandivert），共同创办了一家属于摄影师的国际图片社——马格南图片社。

　　1948 年，以色列建国期间的一场战斗中，一颗子弹擦伤了他的大腿内侧。卡帕随后宣布，他"现在并将永远不再做战地记者"。他没有拍摄朝鲜战争（1950—1953）。但 1954 年，越南奠边府的战役刚结束，因为《生活》摄影师霍华德 · 索胡雷克（Howard Sochurek）的妈妈心脏病发作，卡帕同意接替他去印度支那地区工作三个星期。索丘雷克返回前三天，卡帕跟随行动的法国部队在接近太平市时遭到越盟火力攻击。卡帕走到队伍前寻找可以拍摄的对象，踩上一颗地雷，年仅 41 岁。

罗歇 · 泰龙
Roger Thérond
法国（1924—2001）
29

　　罗歇 · 泰龙出生于地中海沿岸的法国塞特。1949 年，他进入《巴黎竞赛》画报工作，1976 年成为主编。他觉得照片（他是著名照片收藏家）"包罗万象，作用独特"。

吕西安 · 艾格纳
Lucien Aigner
美国，出生于匈牙利（1901—1999）
75

　　吕西安 · 艾格纳生于匈牙利埃尔谢克乌伊瓦尔（Érsekújvár，今斯洛伐克新扎姆基 [Nové Zámky]）。1924 年，他获得法律学位，但他决定做记者，买了一架徕卡相机。他身高只有 1.52 米，志向却很高："我从未满足于仅仅做个摄影师。我希望做调和者，而不仅仅是观察者或见证人。"伦敦《独立报》（The Independent）在他的讣告中赞美他："他首先是思想家和哲学家，然后才是摄影家。"

　　1925 年，艾格纳搬到巴黎。他的拍摄对象包括欧洲政治家和艺术、文学、科学领域的重要人物，还有巴黎这座城市本身。他是现代新闻摄影的创立人之一。

　　1939 年，艾格纳离法赴美。1941 至 1945 年，因为持匈牙利护照，他成为敌国侨民，记者活动受到限制。1947 至 1953 年，他在美国之音电台匈牙利分部任作者兼播音员。离开电台后，他在马萨诸塞州大巴灵顿镇开了一家照相馆，专拍儿童肖像。他去世于马萨诸塞州沃尔瑟姆市，享年 98 岁。

马丁 · 芒卡西
Martin Munkácsi
匈牙利（1896—1963）
70

　　马丁 · 芒卡西在祖国匈牙利时是一名体育摄影师。1927 年，他进入德国图片周刊《柏林画报》，将他凝固动作的才能用于各种对象，包括 1933 年希特勒当上德国总理后在波茨坦举行的大规模阅兵游行。不久后，纳粹控制了《柏林画报》。快活的犹太人芒卡西很快接受了《时尚芭莎》的提议，到美国拍摄时尚。他拍摄动态的模特，这在当时是一项惊人创举。"芒卡西将对快乐和诚实的喜好和对女性的爱注入时尚摄影。"理查德 · 阿维顿说。

　　有一段时间，芒卡西可以算得上美国收入最高的摄影师。但到 20 世纪 50 年代，他的事业衰退了。他关闭了开在曼哈顿东 42 大街和铎城市综合大厦顶层的工作室。1956 年，他的婚姻以离异收场。

　　1963 年，他在纽约东河的兰道尔岛看足球赛时突发心脏病。他的前妻和未成年的女儿都不知道他的许多文件的去向。

　　2007 年，他的 4000 块玻璃负片在易趣网上出售。卖家（20 年前从一家仓储公司买下这些无人认领的负片）首轮要价 100 万美元。所幸负片没有收藏市场，因此琼 · 芒卡西得以在线下以要价的一小部分买回父亲的作品。2008 年，她在去世前把它们捐给纽约国际摄影中心。

马克·列德金
Mark Redkin
俄国（1908—1987）
100—101

人物简介

马克·列德金生于伏尔加河畔的一座小镇，父母分别是船长和医生。1932 年，他在环球航行的"阿留申"号上当航海摄影师。1961 年，他再次登上渔船"阿克图宾斯克"号环游世界。在两次环球航行之间，从列宁格勒的战役开始，直到柏林的最后战役，他为《红星报》（Krasnaya Zvezda）、《真理报》（Pravda）和《苏联》（Soviet Union）杂志等媒体报道"二战"。一次跟随空军拍摄时，他坐的飞机被击落，他是机上唯一的幸存者。他说，他最好的"二战"照片是在 1943 年的一场苏军胜仗后，斯摩棱斯克附近的村民重返家园时拍摄的。职业生涯结束前，他在行星出版社工作，这天他风风火火地跑进主编办公室，俏皮地对我行个军礼——他这些年挣到的中校军衔的恰当体现。

玛格丽特·伯克－怀特
Margaret Bourke-White
美国（1904—1971）
77

《时代》出版人亨利·卢斯（Henry Luce）正在创办以美国商人为对象的《财富》，玛格丽特·伯克－怀特拍摄的克利夫兰市奥蒂斯钢厂的照片给他留下深刻印象。1929 年，他与伯克－怀特签订了工作合同。同一时期，这些照片还打动了苏联的人民委员。1930 年，伯克－怀特是唯一获准拍摄苏联第一个五年工业计划成就的西方摄影师。

伯克－怀特拍摄了建设中的蒙大拿州佩克堡大坝，卢斯将其中一幅照片用在他出版的 1936 年第一期《生活》封面上。

伯克－怀特性格活泼而迷人。她与作家兼编剧厄斯金·考德威尔（Erskine Caldwell，《烟草路》[Tobacco Road] 和《上帝的一亩三分地》[God's Little Acre] 作者）合作研究美国南方的贫困状况。1937 年，图文并茂的《你见过这些人》（You Have Seen Their Faces）出版。1939 年，二人结婚，1942 年离婚。

1941 年，德军进攻莫斯科期间，伯克－怀特是在那里的唯一一西方摄影师。1942 年，她前往北非，乘坐的运兵船深夜两点被鱼雷击中，在地中海沉没。伯克－怀特坐在救生艇上拍照，直到次日获救。在非洲，盟军轰炸突尼斯的轴心国机场期间，她坐在轰炸机中队的头机上拍摄。该中队的两架战机被击落。1945 年，她与乔治·巴顿将军的第三集团军一起进入布痕瓦尔德集中营，在此之前，她还拍摄了意大利战场的战斗。"二战"后，她报道了围绕印度分裂引发的动乱和圣雄甘地被刺事件。1952 年，她还与在朝鲜后方活动的韩国游击队一起待过一段时间。

伯克－怀特用大画幅相机拍摄，常常为营造戏剧性效果将拍摄对象摆拍和使用人工照明。她确信这些生动鲜明的照片在新闻中使用之后依然会引人注目。她撰写了 11 本关

于自身经历的图书，还是受人欢迎的演讲人。1957 年后，她患上帕金森症，停止了摄影活动。她逝世于 1971 年。

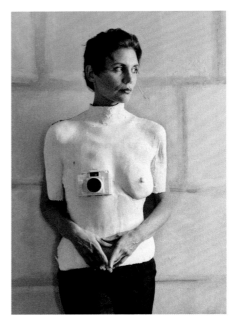

麦图什卡
Matuschka
美国（1954—）
49

麦图什卡出生于新泽西州牛顿镇。虽然医生曾告诉她母亲，她能活着看到她四个孩子的孩子，但她依然在麦图什卡少年时因乳腺癌去世。"他们应该说，"麦图什卡苦涩地说，"如果她不死，她就能活着看到她的孩子得癌。"

1991 年，麦图什卡胸部的一个肿块被诊断为恶性。她拍了一幅表现乳腺切除后的赤裸胸部的照片。这张自拍像获得 1994 年普利策奖提名，并且自此屡获奖项，包括雷切尔·卡森（Rachel Carson，美国海洋生物学家，生前罹患乳腺癌。——编注）的母校宾夕法尼亚州查塔姆大学的雷切尔·卡森奖。"我还做其他事情，并且另外创作了大量作品——但我生命中的这个篇章似乎没有尽头。"她说。

曼·雷

Man Ray

美国（1890—1976）

48

1890 年，伊曼纽尔·拉德尼茨基（Emmanuel Radnitzky）在费城出生。他七岁时，全家搬到布鲁克林区。1912 年，父母将家族的姓缩短为雷。这时伊曼纽尔（家里人叫他"曼尼"[Manny]）把自己的名字改成曼·雷。他经常参观曼哈顿的 1913 年军械库艺术展（Armory Show）和阿尔弗雷德·施蒂格利茨（Alfred Stieglitz）的 291 画廊，还向罗伯特·亨利（Robert Henri）学习绘画。

"一战"后，雷搬到巴黎，做起了摄影，一开始只是作为记录他的绘画的手段，后来才为摄影而摄影。"我从画家起步。拍摄我的画时，我发现了黑白的价值。"雷拍摄的艺术家肖像和黑影照片广受赞誉。黑影照片的制法是将拍摄对象直接放在相纸上，再对相纸短暂曝光（雷称它们为"实物投影照"[rayographs]）。雷更喜欢被人称作画家，但他也承认，摄影是"我的第二小提琴，在乐队里就像第一小提琴一样必不可少"。

纳特·费恩

Nat Fein

美国（1914—2000）

50

纽约出生的纳特·费恩形容自己是"一个有人情味的摄影师"。1933 年，他开始为《纽约先驱论坛报》（New York Herald Tribune）工作。他的拍摄对象包括一只从台阶跳上地铁出口的袋鼠。（这天没什么突发新闻，而且费恩有一个朋友出租动物给舞台和电视制作。）

"报社图片编辑迪克·克兰德尔（Dick Crandell）敦促我尽量不要用闪光灯，于是我就像摆弄小型抓拍相机一样操作我的 4×5 快速格拉菲（Speed Graphic，美国产大画幅相机。——译注）。"费恩说。

克兰德尔还告诉费恩，哪怕会错过显而易见的照片，也要寻找不同的拍摄角度。1948 年，当棒球传奇巴比·鲁斯最后一次现身扬基体育场时，费恩打破了新闻摄影的一条规则——他没有拍出对象的脸。一位美联社摄影师也发现了鲁斯身后的一个位置，但"他竖持相机，而且开了闪光灯，"费恩说，"那样做会造成前景亮，背景暗。他的照片效果就不及我的好。"1992 年，《纽约时报》将费恩这幅赢得普利策奖的照片称为"体育史上最著名的一张照片"。

1966 年，费恩在《纽约先驱论坛报》停刊后退休。他住在纽约州塔潘村。

琼恩·米利

Gjon Mili

美国，生于阿尔巴尼亚（1904—1984）

94—95

1923 年，一个住在波士顿的叔叔将琼恩·米利带到美国。四年后，他从麻省理工毕业。他说："我养成了反复观看我喜欢的电影的习惯——在心里重写脚本，梦想着征服好莱坞。"

1927 年，米利行将毕业之际，有声电影问世。有声电影改变了电影制作的观点和技术。"声音取代了一切，"他说，"我建立在哑剧和灵活时间节奏基础上的梦幻世界轰然倒塌。"

1937 年，米利开始用麻省理工哈罗德·E·埃杰顿教授发明的高速闪光灯拍照。米利不仅用电子闪光灯凝固运动员和演员的动作，还用它为会议厅打光。在那些地方爬上爬下更换闪光灯泡是不现实的。1945 年，米利为在旧金山举行的联合国创立大会制造出的照明效果堪比剧场。

1944 年，华纳兄弟公司向米利提供了摄影棚和人员，让他执导一部短片。《爵士蓝调》（Jammin'the Blues）成为他唯一一部好莱坞电影。这部关于爵士乐即兴演奏会的经典短片只有十分钟长，24 个单词的解说词。它获得奥斯卡最佳短片提名。（一部有会说话的动物的电影《动物世界名人录》[Who's Who in Animal Land]夺得当年的小金人。）

塞巴斯蒂昂·萨尔加多
Sebastião Salgado
巴西（1944—）
22—23

　　塞巴斯蒂昂·萨尔加多和七个姐妹在父亲的养牛场长大。养牛场位于巴西艾莫雷斯镇（Aimorés）附近，一年之中，雨季的洪水会切断这个地区的交通一个月左右。萨尔加多在圣保罗大学学习，1968 年获得经济学硕士学位。1969 年，因为担心他的自由主义政治活动可能招致巴西军政府报复，他来到巴黎。他妻子莱利娅（Lélia）买了一架相机帮助她研究建筑学。一天，萨尔加多借来相机，从此再也离不开它。他辞去国际咖啡组织经济学家的工作，开始为西格玛（Sygma）图片社和伽马（Gamma）图片社拍照。1979 年，他加入摄影师合作组织马格南图片社。

　　萨尔加多拍摄的 1984 年非洲萨赫勒饥荒期间的饥民形象令人毛骨悚然。接下来六年时间里，他拍摄世界各地的体力劳动者，随后又花了六年拍摄大规模难民潮。他还关注消除脊髓灰质炎的工作，目前正在记录世上仅余的少数未受人类活动破坏的地区。他的黑白照片表现力非常丰富，每组照片都由妻子设计制作成一本图书和一次世界范围的展览。"我希望，每个人来参观我的展览后，都能有所改变。"他说。

三木淳
Jun Miki
日本（1919—1992）
80—81

　　三木淳生于日本冈山县，毕业于东京的庆应义塾大学经济专业。毕业后的"二战"期间，他在日本军队当财务官。战后，他在一家金融企业短暂工作了一段时间，然后开始了新闻摄影这个终身事业（1951 至 1956 年，他是《生活》的签约摄影师）。（有人开玩笑地）问他来世想做什么，他毫不犹豫地答道："歌舞伎。"

山姆·瓦格斯塔夫
Sam Wagstaff
美国（1921—1987）
74—75

　　山姆·瓦格斯塔夫写道，看照片就像透过窗户看人跳舞，"他们似乎有点疯狂，直到你认识到，他们能听到你听不到的歌声"。

　　瓦格斯塔夫生于纽约，毕业于耶鲁大学。他先在广告业工作，直到继父去世，留下的遗产足够他辞掉工作去学美术。他当上哈特福德市沃兹沃思艺术馆（Wadsworth

Atheneum）的首席策展人，后来又成为底特律艺术馆的绘画和雕塑策展人。20 世纪 70 年代，与情人摄影师罗伯特·梅普尔索普一起时，他对照片着了迷，开始收藏它们。但在第五大道 1 号的顶层公寓里，他从未将一张照片挂在墙上。"我有窗户，可以看到外面。我觉得照片算不上特别好的装饰。"他说。

　　"等我完成收藏后，我希望还有勇气自己去当摄影师。"瓦格斯塔夫对作家薇姬·戈德堡（Vicki Goldberg）说。但在 1984 年，他卖掉照片，开始收藏银器，三年后去世。

斯特凡·洛兰特
Stefan Lorant
美国，生于匈牙利（1901—1997）
91

　　斯特凡·洛兰特在德国慕尼黑的《慕尼黑新闻画报》周刊做了五年编辑，在画报里大量使用抓拍照片，直到 1933 年，希特勒上台后，把他关进施塔德尔海姆（Stadelheim）监狱。六个月后，洛兰特获释。他来到伦敦，出版了畅销书《我是希特勒的囚徒》（I Was Hitler's Prisoner），同时还编辑《画报周刊》（Weekly Illustrated）。1937 年，他创办了小开本的《小人国》。1938 年，他与人合办了复制美国《生活》成功之道的通俗周刊《图画邮报》。1940 年 6 月，英国军队在敦刻尔克撤出法国后，39 岁的洛兰特告诉朋友："希特勒要来了。我被他抓过一次，再不要被抓了。"突然之间（一个同事写道），洛兰特登上了去美国的班轮"布列塔尼亚"号。在美国，他出品了一些插图历史书，如 1964 年出版，至今依然在售的《匹兹堡：一个美国城市的故事》（Pittsburgh: The Story of an American City）。（1955 年，洛兰特派 W·尤金·史密斯去捕捉这座现代城市的风情。三周的工作激发史密斯写出他自己关于匹兹堡的大作。）

W·尤金·史密斯
W. Eugene Smith
美国（1918—1978）
97

圣母大学为 18 岁的 W·尤金·史密斯设立了专门的摄影奖学金，但他只待了一年就来到纽约，成为自由摄影师，为全国性杂志拍摄。"二战"期间，他在太平洋地区为《生活》报道战争。在冲绳，炸弹碎片撕裂了他的脸颊，手术修补下巴花去他两年时间。康复后，他利用对摄影技术的掌握，不断在《生活》探索图片故事的潜力。他给这种形式赋予了其他摄影师都没有达到的丰满感。他的报道对象包括科罗拉多州克雷姆灵镇的一位乡村医生、默默无闻的西班牙村庄德莱托萨，以及南卡罗莱纳州的一名助产护士。

1954 年，《生活》为了在某一期里塞进传教士艾伯特·史怀哲博士的故事，改变了那篇报道的版面，史密斯愤怒地中止了与杂志的合同。随后的 20 年，虽然说不上默默无闻，他也是在挫折中度过的。他在工业城市匹兹堡拍了两年，拍出职业生涯中堪称最好的一套照片，以后他再也没能看到令他满意的报道出版。

按编辑兼摄影师大卫·谢尔曼（David Scherman）的说法，"史密斯是激动人心的。从纯粹的美术观点看，他是狂热的艺术追求者。他拥有优秀艺术家的艺术特质。他很难做好一个人，因为他太自信，当别人不让他按他的想法去做时，他会一肚子怒火"。

1971 年，《纽约时报》艺术评论员希尔顿·克雷默（Hilton Kramer）赞扬了"（史密斯的）作品表达出的巨大张力——摄影媒介的'静止'特性和它捕捉到的几乎无法抑制的动量之间的张力"。

史密斯的最后一篇文章报道了日本水俣市工厂废物造成的汞中毒。1975 年，这篇报道顺利地出版成书。1978 年，他应邀到亚利桑那大学任教，但在课程开始两个月后因严重中风突然离世。

威廉·韦格曼
William Wegman
美国（1943— ）
51

年轻的概念派艺术家威廉·韦格曼生于马萨诸塞州霍利奥克市，在长滩的加利福尼亚州立大学教书。他的第一任妻子提议养只狗。他们养了一只魏玛猎狗，给它取名"曼·雷"。"我觉得也许能让它进入我的艺术作品。"韦格曼说。他开始拍摄这只宠物。

"我并不总是给狗穿衣服。曼·雷就没穿成人模人样，但它死后，费·雷（Fay Ray）却最适合穿上像人的衣服。费·雷是只母狗，是我的第二只狗。每只狗都有自己的独特个性。费·雷的女儿巴蒂娜有它自己的气质。它有一种对遇到的一切都满不在乎的可爱神气。"

温·布洛克
Wynn Bullock
美国（1902—1975）
78

温·布洛克生于芝加哥，20 世纪 20 年代初在纽约哥伦比亚大学学习声乐，在欧文·柏林（Irving Berlin）的《八音盒轻歌舞剧》（*Music Box Review*）中担任了一年的男高音主唱。在欧洲，他尝试在音乐会上演唱。1931 年，他回到美国，起先学习法律（他母亲是加利福尼亚州高等法院法官），最后才决定以摄影为业。随后数十年间，他一边经营摄影生意，一边在草木繁茂的加利福尼亚地区拍摄裸体人物，创造出（按芝加哥史蒂芬·戴特画廊 [Stephen Daiter Gallery] 的说法）"他今天赖以成名的充满神秘和隐喻、情感丰富的耀眼图像"。

雅克·亨利·拉蒂格
Jacques Henri Lartigue
法国（1894—1986）
112—115

亚历山大·加德纳
Alexander Gardner
美国，生于英国（1821—1882）
79

沃克·埃文斯
Walker Evans
美国（1903—1975）
62—63

沃克·埃文斯在安多弗高中读完中学，大学就读于威廉姆斯学院。他是第一个在纽约现代艺术博物馆举办独立作品展的摄影师。1938 年的那场展出后，他承认："我不喜欢在我不经意间贴在我身上的标签，说我是反叛社会的艺术家。"埃文斯的目标是捕捉伴随他成长的美国的视觉语言，尤其是它的建筑。现代艺术博物馆的展览过后，他开始抓拍纽约地铁乘客。他后来解释说，那是"对照相馆人像摄影的反叛……部分对摆拍摄影——不是社会方面，而是美学方面——的抗议"。1943 年，埃文斯加入《时代》，为它撰写电影评论。1945 年，他成为《财富》主编助理。随后的 20 年间，他将他的 42 组照片引入该杂志。这些照片的主题包括"维多利亚式建筑""芝加哥"或"工人的面孔"等，这里的照片都足以成为他最好的作品。20 世纪 60 年代，他结束了摄影职业，到耶鲁大学任教。他向学生解释道："成功是我在美学上的敌人。"

1900 年，六岁的雅克·拉蒂格借父亲的相机拍照片。次年，拉蒂格在日记中写道："爸爸就像上帝（实际上，他甚至有可能就是化了装的上帝）。他告诉我，说我就要有一架自己的相机。那样我就能拍一切……一切。"

长大后，拉蒂格以画女性肖像为业，摄影是他的爱好。他从六岁起开始拍照，到 1960 年，这些照片装满了 120 本相册。纽约现代艺术博物馆摄影部主任约翰·萨考夫斯基（John Szarkowski）注意到这些相册。1963 年，萨考夫斯基组织了一场拉蒂格作品展，展出了拉蒂格童年时拍摄的"美好时期"（Belle Époque，"一战"前的安定舒适时期。——译注）的盛装妇女、爱德华七世时代的飞机、世纪之交的汽车比赛和参加体育运动的富有的拉蒂格家族成员。这次展览确立了拉蒂格的照相神童名声。

"邻居觉得我们是一群奇怪的人物。不过从拍照的角度来说，处在一群永不安分的人中间，确实让我受宠若惊。"拉蒂格说。

1963 年，拉蒂格将父亲的教名（亨利）加到自己的名字中。1986 年，拉蒂格去世。由法国文化部主管的雅克·亨利·拉蒂格协会（l'Association des Amis de Jacques Henri Lartigue）保存着他生前整理的 130 本相册。

亚历山大·加德纳在苏格兰格拉斯哥拥有一家周报。他接受了物理学和化学教育，并且对摄影产生了兴趣。1856 年，他带着家人来到美国。他曾想加入艾奥瓦州的一个社会主义公社。这个想法破灭后，他成为摄影师马修·布雷迪（Mathew Brady）在纽约的照相馆的经理。两年后，他开办并经营布雷迪在华盛顿特区的照相馆。

1862 年，联邦军队在第一次布尔伦河战役中失败后，布拉迪决定让他的华盛顿照相馆拍摄南北战争。加德纳为此得到联邦波托马克军团的荣誉上尉军衔。加德纳被人描述成一个安静、聪明、不苟言笑的人。1862 年，他离开布雷迪的照相馆，自立门户。他继续拍摄战争，并于 1866 年出版了《加德纳的内战摄影速写》（Gardner's Photographic Sketch Book of the Civil）。这本书分为两卷，每卷包含 50 张手工粘贴的照片。加德纳还拍了亚伯拉罕·林肯的肖像，最后一张摄于总统去世前四天。林肯遇刺后，他又给被捕的反叛者们拍了引人瞩目的肖像。

1867 年，加德纳在堪萨斯州为联邦太平洋铁路公司拍摄勘探路线。次年，他拍摄了在怀俄明州拉勒米堡参加一次和会的印第安代表团。1871 年，他放弃摄影，转向其他行业，1882 年在华盛顿特区去世。

姚齐荣（音）

Yao Qirong

中国（1952—）

82

37 岁的姚齐荣在家乡贵阳从事专业摄影已有十年。他父亲是修路工人。他使用简陋的设备，但对摄影充满了热情。他按照片里的人头收费，说他每天通常有 20 个顾客。他估计贵阳有十名专业摄影师，只有少数业余爱好者。我特别注意到这一点。一个摄影师不在接待每个顾客上花费太多时间，而是继续拍摄其他照片，这是一种效率很高的做法。如果这张照片被选入《中国一日》（*A Day in the Life of China*）一书（实际未选入），编委成员中肯定有人能回答那个我没问出口的问题：贵阳有多少基督徒？

叶夫根尼·哈尔杰伊

Yevgeni Khaldei

俄国（1917—1997）

101

叶夫根尼·哈尔杰伊生于一个犹太正教家庭，父亲是小提琴手。在一场席卷乌克兰的大屠杀期间，母亲被打死，一岁的他在母亲怀里受了伤。上完四年级后，他开始做清洗蒸汽机的工作。"那是一份极累人的工作，"他说，"但我知道，我不会那样过一辈子。我已经迷上了摄影。"

"二战"期间，哈尔杰伊为共产党的《真理报》工作。一开始，他驻扎在北方港口城市摩尔曼斯克。1945 年，他随苏军进入柏林，拍摄了一名士兵在帝国大厦的护墙上挥舞胜利旗帜的著名照片。两个月后，在柏林附近报道波茨坦会议上的盟国时，哈尔杰伊结识了罗伯特·卡帕。

"卡帕得知我只有一架相机，而且只有一枚镜头，非常惊讶。'好吧，'他说，'下个周末，我会飞到巴黎，给你带回点东西。'他给我带回一架崭新的带闪光灯的快速格拉菲相机。我用那架相机拍到我最好的波茨坦照片。"

1984 年，我见到哈尔杰伊时，他正在为《苏维埃文化报》（*Soviet Culture*）工作。他和当过实验室技师的妻子住在莫斯科的一套两居室里。

在非西里尔语字母表中，哈尔杰伊的名字有各种拼法。我手头的五本英文选集将他写成：

1) Jewgeni Anatoljewitsch Chaldej

2) Yevgeni A. Tschaldey

3) Yevgeni Khaldey

4) Eugeny Khaldei

以及本书中我用的这个拼法。

伊莫金·坎宁安

Imogen Cunningham

美国（1883—1976）

88

伊莫金·坎宁安毕业于华盛顿大学化学系。她生于俄勒冈州波特兰市，是十个孩子中的一个。1910 年，人小决心大的坎宁安在西雅图市开了一家照相馆。1915 年，她嫁给铜版蚀刻师罗伊·帕特里奇（Roi Partridge），婚后两人搬到加利福尼亚州奥克兰市。（他们后于 1934 年离婚。）"二战"期间，坎宁安搬到旧金山，余生一直待在那里。她是光圈 64 摄影小组（Group f/64）的创办人之一。这是一个由西海岸摄影师组成的艺术倾向明显的组织，成员包括她的朋友爱德华·韦斯顿和安塞尔·亚当斯。然而她说："我总是为钱工作，而且从中得到乐趣。"解释她的独立观点时，93 岁的坎宁安说："我不嫉妒任何人。我只相信工作。我不是让自己忙，我就是忙。"

优素福·卡什

Yousuf Karsh

加拿大，生于亚美尼亚（1908—2002）

76

1915 年开始的亚美尼亚种族大屠杀期间，优素福·卡什的两个叔叔被杀害，一个妹妹饿死。1925 年，另一个在魁北克开照相馆的叔叔资助卡什移民加拿大。1932 年，卡什在渥太华开设了自己的照相馆。

卡什拍摄的照片经常几乎成为拍摄对象需要的唯一一张。1941 年 12 月 30 日，温斯顿·丘吉尔结束了在加拿大议会的演讲，过来拍纪念照。卡什拿走首相嘴里的雪茄。丘吉尔脸上加深的怒容体现了英国在"二战"中的不屈精神。"世界对那幅照片的反应改变了我的生活。"卡什说。

"卡什拍"（Karshed，英国陆军元帅伯纳德·劳·蒙哥马利在 1943 年的一次拍摄后创造的词汇）成为身份的标志。1999 年，《世界名人录》（Who's Who in the World）列出了 20 世纪最有影响力的 100 个人物。算上他自己，卡什拍摄了其中 51 位。

约翰·菲利普斯

John Phillips

美国（1914—1996）

73

英国国家肖像画廊将约翰·菲利普斯描绘成"一位掌握镜头和多种语言的大师；优雅、豪放，像铬钢一样可靠，他用自己漫不经心的方式记录了最新鲜的历史足迹"。

"二战"中，菲利普斯飞到南斯拉夫拍摄铁托元帅和南斯拉夫游击队。在对纳粹所谓的"大德意志"地区的突袭中，他将写给希特勒的侮辱信投进当地邮筒。

菲利普斯生于阿尔及利亚，当时它还是法国属地。父亲是英国威尔士人，母亲是美国人。"在我还是十岁的学生时，"1996 年去世的菲利普斯在去世前几个月写道，"一个老师问学生，他们将来想做什么。同学们纷纷说出警察、飞行员和船长这些职业。我说：'摄影师。'老师听了评论说：'菲利普斯的理想不够远大，但至少他知道自己想干什么。'"

"今天，我 80 多岁了，并且……评论家已经开始用谈论绘画、雕塑、文学、音乐的严肃语气谈论摄影。我们终于得到认可。至于我，我依然是个摄影师，还是拍我的照片。"

和平年代，菲利普斯觉得编辑束缚了他的手脚。他转向另一个全新领域，与法国喜剧演员雅克·塔蒂（Jacques Tati）合作拍摄了经典喜剧电影《于洛先生的假期》（Mr. Hulot's Holiday，1953）。

詹姆斯·范·德·泽

James Van Der Zee

美国（1886—1983）

20—21

詹姆斯·范·德·泽在马萨诸塞州莱诺克斯镇长大时，正是该镇与罗得岛州纽波特市争抢风头的时期。他学着钢琴和小提琴长大，也学习绘画。中学时，他是班上的摄影师。他父母曾是美国前总统尤利塞斯·格兰特的管家和女仆。

毕业后，范·德·泽来到纽约，找到一份工作，在新泽西州纽瓦克市的格茨百货商店当暗房技师。当他给商场照相馆的摄影师代班时，范·德·泽发现顾客喜欢他拍的照片。"一战"期间，他在哈莱姆区开了自己的照相馆，一拍就是 50 年。"如果模特不漂亮，我就去掉她的不漂亮之处。"他说，"我努力确保每张照片都比本人好看。"

范·德·泽拍摄了 20 世纪 20 年代"哈莱姆文艺复兴"的明星，他尝试用合成和双重曝光的手法捕捉到常客们的梦想。他去世时 97 岁，去世那天早些时候，霍华德大学在华盛顿特区授予他名誉博士学位。1969 年，他 83 岁时，因为纽约大都会艺术博物馆一场名为"哈莱姆在我心中"的展览，他的作品突然受到空前关注。自那以后，他一共收到六个荣誉学位。